マザーアースと一つになる水美容ピュアメソッド

小川みどり

ヒカルランド

推薦の言葉

株式会社ビーワン 代表取締役　佐藤日出夫

山梨県北杜市清里にあった「ペンションやすらぎの郷」にて、いつも笑顔を絶やさず仕事に励んでいた小川みどりさん。若くして真理を学ぶ機会に恵まれ、優しい旦那様に出会い、子供たちを育てながら、心の在り方を見つめつづけている。働くことの意義を見出して、明るくいきいきと幸せな人生を歩まれていること、嬉しく思うと共にとても頼もしく感じています。

本書でもご紹介されていますように、私どもも30年ほど前になりますが、導かれるようにして知花敏彦先生とご縁をいただきました。私にとっても人生のターニングポイントとなり、使命を与えられたかのように会社を設立しています。

物事は複雑に考えすぎず、本質とは単純なものと受け入れることが大切です。水は電気の伝導媒体としても知られるように、天然水を主としたビーワンも伝導媒体のようなものと例えています。すべてのものに自然の力が流れている。美しく清らかな心は癒しを与える、伝わるのです。

水美容のひとつに、サロンならではのヘッドスパは人気が高く、今では理美容師の枠を超えて輪が広まっています。当製品は、ジェンダー平等にお使いいただけ、特にヘアケア製品は頭皮や首筋などの肌に付いてもストレスのない使用感ですので、ご年齢問わずご愛用いただきやすいと好評です。毎日の頭皮と髪の保水ケアをファーストステップに、みどりさん流の心地のよいケア方法をお伝えされていますので、未来へつづく水の循環を考えて〝環境にやさしいケア〟は、〝あなたの髪や身体にもやさしい〟ことを知っていただきお試しくださると幸いです。

最後に、本書を通して見た目の美しさはもちろんのこと、人は大自然の一部である存在なのですから、自然の恵みに感謝の心を忘れず〝美しい心を磨く人生〟であってほしいと願いつつ〝いのちと仲良く〟今この瞬間が皆さまにとって幸福でありますようお祈りいたします。

はじめに　宇宙法則と美容には奥深い関係があります

こんにちは。美容家の小川みどりです。

「女性たちが、自分本来の美しさに目覚めるお手伝いがしたい」

そう願いながら、山で小さな美容室を営んでいます。

あなたにとって、美しさとはどんなものでしょうか。

本書は、髪の毛をきれいにしながら心も美しくなる内面美容を磨くための本です。

ひとりでも多くの女性たちに、内なる美という、私たちひとりひとりがすでに持っている「自分にしかない美しさ」に目覚めてほしい。その自分という人間の器に内包された魂の輝きを見つめるために、美容室という場を使ってお手伝いをしています。

26年前、21歳で美容師免許を取得した私は、北海道から出て内地に行くことを決め、辿り着いたのは、清里の美容室でした。

ペンションやすらぎの郷（以下 やすらぎ）の地下でオープンしたばかりの地球環境に配慮した美容室です。やすらぎでは、知花敏彦先生が朝晩に講話をして宇宙法則を説いておられました。私にとって内地での美容人生は、宇宙法則への理解を深めるのと同時に歩んでまいりました。

幼い頃から母の美容室を見て育ち、女性たちがおしゃべりしながら過ごす様子を見て、「髪を整えることは心も整えることなのだ」と知りました。母や女性たちの心の声を聴いて育った私は、今、美容の道に進み、見えない世界である高次元も踏まえた美容室として、お客さまが心身ともに整うための施術をしています。

高次元美容室って何でしょう？

これまで美容に携わった経験から、私たち美容師には、目には見えない部分を感じ取るセンサーが研ぎ澄まされている、という実感があります。

実際にお客さまの髪に触れていると、髪が著しく変化する瞬間があります。髪や頭皮が「満足した」と、まるでキャッキャと喜ぶように「嬉しい！」と語りかけてくる感覚が、手からも伝わってきます。そんな、美容の神さまを味方につけて内側からきれいになることを目指しています。

女性が美しくなるためには、容姿を整えることに加えて、心と身体が健康であることが必要です。そしていま、世界的に地球環境が懸念されていますね。これからは、地球の健康も視野に入れて、全体として美容を捉え直す時代ではないでしょうか。宇宙法則に根差した高い次元意識《エネルギー》のやり方で経営しているのが、高次元美容室です。

私たちが美しくなればなるほど地球が元気になり、宇宙の調和が保たれる。そのアプローチの具体的なお手伝い、その内から発する美の繋ぎ役となる、目には見えない根源の次元から連なるエネルギーを磨くことを、高次元美容と名付けました。

本当の美への目覚めを、気づきへと繋ぐ高次元な美容。あなたにも実践してもらえるように、必須のポイントや心の支えとなる宇宙法則、身体や自然を大切にする素材やアイテム、私の経験から得たものすべてを本書で惜しみなく公開します。

各章でその具体的な内容に触れていきたいと思います。

目次

第2章 宇宙法則を使いこなせば内面からきれいになれる
【美の根源のしくみを知る】

第3章 【愛の視点でいかに自他を見つめるか】マザーアースと一体化すると、生きることの捉え方がこんなに変わる！

第4章 自己愛を育てて外面美容と内面美容を統合する

【揺るぎない本来の美の次元へ】

第5章 マザーアースと繋がる高次元な美容メソッド

【霊性を磨き自分も地球もきれいになる!】

カバーデザイン　浅田恵理子
校正　麦秋アートセンター
イラスト　小川天維／土屋恭子
本文仮名書体　文麗仮名（キャップス）

第1章

【本来の美を輝かせるために】宇宙真理を実践する場として生まれた美容室

1 ナチュラル志向の女性も寛げるサロンを

美容室と聞いて、あなたはどんなイメージが湧きますか？

パーマやヘアカラーで変身して、軽やかな感じ？　それとも、イメチェンして笑顔が溢れる感じでしょうか。女性たちがきれいになって、喜びで満たされる場所でもありますね。

パーマ液やヘアカラー剤はお肌にとって刺激が強いということを、一度は耳にしたことがあると思います。頭皮がしみたりヒリヒリと痛みを感じる方も多く、美容師の手荒れの原因のひとつでもあります。

体質というのは千差万別で、どんなに洗浄力の強い洗剤を素手で触ってもびくともしない、という人もいます。けれど、洗剤って人間社会にだけあるものですよね。自然界には自然の摂理があるのに、人の営みは自然界に反する側面を持ちながら、発展してきてしまいました。そのため現代には、昔にはなかった病気や、解決の仕方がわからない環境問題があります。

持続可能な地球での暮らしと、おしゃれを楽しむ心の豊かさを両立できたら、との思いで美容室を開店しました。当時1歳だった娘が、大人になったときにも住みよい地球環境であることを目指して、化学薬品の使用は最小限に留めることを決めました。

あの独特なツンとした匂いがしない、心と身体が寛げる美容室です。

ところであなたは、今の地球環境問題は待ったなし、といわれているのをご存知でしょうか。また、逆に、地球はアセンションをしてユートピアになり次のステージに入る、と表現する人もいます。どちらが真実でしょうか。

どちらを選んでも、その人が選んだところに自分を存在させることになります。

私は、環境を良くしたい、という願いのもと美容室を営業しています。より居心地のいい自然環境が創造され、次世代に受け継がれるよう、日々のサロンワークをしているうちに、本質美、高次元美容という視点から、マザーアースと一体化して女性が美しくなるというメソッドが出来上がりました。

美容と健康は、快適に暮らしていくために、なくてはならない要素です。

私たちは、三次元の地球という星で生きている中で、さまざまな体験をし、やがて肉体は死んで、土に還ります。宇宙は、創造、存続、破壊を繰り返しています。死を迎えて肉体を脱いだ後、私たちはいったい、どこへ行くのでしょう。消えてなくなるのでしょうか。

そんなことを考えていると、宇宙法則というのは、この目で見える世界ばかりではないことに気づかされます。

ですが私たちは、普段の生活では、あまり見えないものに意識を向けにくいですね。

宇宙法則とは、自然の法則でもあります。愛そのものとして存在し、創造の喜びを楽しむ時代が、もうすぐそこまで来ています。自分自身が満たされていると同時に、マザーアースが喜ぶものを取り入れて、地球の上でこの命を楽しみ生きることが、私たちの課題であり、生きる目的なのです。

宇宙法則、つまり自然環境と私たちの暮らしはリンクしています。お互いを活かしあう生き方にシフトしていきましょう。

私が高次元な美容に目覚めたのは、天然水をベースにした水美容がきっかけです。ビーワンシステムという美容法を始めて間もなく手荒れが改善し、道が閉ざされそうだった美容師生活をここまで続けられたのも、この美容法あってこそでした。

手荒れは、職業病ともいわれ、美容師の離職率を高めている要因のひとつです。働き手にとって過酷な環境は、現代も本質的なところではまだまだ解決されていません。しかし、負担があるのは、実は美容師だけではないのです。

実際に、美容室に長時間いると、どうなると思いますか？

小学生の頃、友達から
「みどりくさーい！　薬の匂いがするよ。歯医者に行ってきた？」

と言われて、ガーンとショックを受けたことがあります。昔の歯医者さんは薬品臭が特徴的でしたから、友達は美容室よりも先に歯医者をイメージしたようです。その日は、母の美容室で過ごした後だったので、
「そうか、お母さんの店って、薬くさいんだ」
と、初めて知ったのです。

私が小学生だった当時はブラシや櫛の消毒にクレゾールという薬品を使っていました。たくさんの人が集まる場所ですので、衛生管理を怠るわけにはいきません。また、パーマ液や白髪染めなど、薬品のオンパレード状態ですので、揮発した匂い成分が洋服に移っていたのです。

そんな子供時代に起きた悲しい出来事が、もうひとつあります。町の神社のお祭りで稚児行列に参列するため、法被を着て鼻筋に白い線を入れることがありました。母は張り切って私の顔に化粧を施してくれたのですが、嬉しい気持ちも束の間。なんと私の肌にはボコボコと蕁麻疹《じんましん》が出てきてしまったのです。

私は、特に肌が弱かったようです。が、美容師としてたくさんの女性と関わる中で、薬品臭や化粧品かぶれなど、実は多くの人が悩んでいるという事実を知りました。

私自身が体質的に合わないため、香りの強い化粧品や整髪料を、知らず知らずのうちに避けていました。が、実は本能として身体が求めていないのです。私以外にもたくさんの女性たちが同じように困っていたのでした。大人になり、そんな美容のからくりを知らずに、翻弄されていきました。

手荒れで通う皮膚科では、

「睡眠中は身体が温まるから手が痒くなりやすい。ぐっすり眠れば手を掻きむしらなくなるよ」

と、睡眠薬を処方されますが、痒みは止まらず身体は冷えていくばかり。

ハンドクリーム代わりにステロイドの軟膏を塗りなさい、と処方していただいたけれど、指先は常に切り傷だらけでした。顔の皮膚もまた、いつも痒みがあり、病院で紹介される基礎化粧品さえ使うのが怖くなってしまいました。

そんな私が天然水美容とのご縁に恵まれ、今も美容師を続けることができています。35歳で私を産んだ母は、16歳から美容の道に入ったので、約20年のキャリアがある状態で私を産んだことになります。

電気パーマからコールドパーマになった時代の変化も見てきた、昔ながらの美容師です。母の身体は、私が生まれるまでの20年という長期間にわたり、薬品に曝《さら》されていたのです。小さい頃から肌が弱かった私は、日光湿疹（光線過敏症）や、ただれに悩まされました。今でも蕁麻疹《じんましん》が出ます。

大人になってからは、肌に合う洗剤などの日用品や化粧水を探すだけでひと苦労です。その上、美容師の私にとっては、顔以上に手肌の方が大事。荒れさせないために、身体中のどのパーツよりもいちばんお手入れをしていて、時間もお金もかけてきました。

私が水美容を始めたきっかけは、父の短い闘病生活です。母の美容室では、ちょうどこの新しい美容法を導入したところでした。私の手荒れが改善されたことから、私の美容人生がガラリと変わったのです。

当時の父は末期がんで、余命僅かと知り、私は看病をしながら母の美容室を手伝う日々でした。父は痛み止めの強い薬の影響で、次第に昼夜が逆転して、幻覚を見るようになりました。が、知花先生の講話テープをカセットデッキで流すとじっと聞き入ったり、エネルギーの高いお水を飲むと、落ち着いた様子になるのです。

亡くなる間際には、窓の向こうに見えるビルのガラス窓に、夕日が映り込むのを見て、「神さまがきた！」と涙を流しながら太陽の光に向かって手を合わせていました。

信心深い人でしたので、神仏を身近に感じ生きてきたのだなあ、と、父の本質を見ることができました。父の命が輝いて見えた瞬間です。

このときから、私の人生までをも変えた手荒れが改善した理由と、病室で繰り広げられる不思議な光景がいったい何なのか、私は自分で解き明かしたくなりました。父が見せた「愛に満ちた様子」は、本来誰の中にもあるのではないか、と感じたからです。

また、ビーワンシステムが誕生するにあたり、開発者は知花先生の説く宇宙法則からもヒントを得ています。

女性が芯から寛ぐことができると、周囲を幸せにする波動を放ちます。しかし、従来の美容室で使う薬剤は身体に負担をかけるものも多く、知らず知らずのうちに身体や脳はストレスを感じてしまっています。近頃はＳＤＧｓということばも浸透し、エコロジーに意識を向けるメーカーや美容団体も少しずつ増えてきましたので、自然派の人がもっと寛げるサロンが増えていくことを願っています。

2 28年にわたり一万人の髪、肌、心の内、意識を視て触って感じた実績でわかったこと

面白いことに、女性のほぼ100パーセントの人が、髪に何らかのお悩みを持っていて、美容に関して今よりもきれいになりたい、と感じています。

美容師として28年、美を整えさせていただいた方できれいになりたくないという人はいませんでした。また同時に、お客さまがたは普段から心に荷物を抱えて頑張っている中で、施術の時間を過ごしていらっしゃいます。

頑張りすぎてしまう女性たちには、美をアイデンティティーのひとつに加えることを提案しています。外見を楽しむという選択肢が増えることで、頑張り方にもメリハリがついて、「楽しもう」という、心のゆとりが生まれるからです。

髪に艶が出たりサラサラになる、お肌が潤う。たったそれだけの変化でも、自分を満足させる強力なツールになります。

歴史的背景を見ると、社会のあり方や家事分担など、どうしても女性は他の状況からの影響を受けがち。これまではそれを他人軸でこなしていても、守られ、生きていける社会でした。ただ、それは、自由がないということ。子どもの頃に母の美容室で見てきた大人女性たちは、そのジレンマに苦悩していたように、私の子ども心には見えていたのです。


あれから40年が経ったいま、社会を見ると、自ら積極的に働きかけ、毎日の暮らしを創造的に楽しむ女性が大勢います。

美容室には、子育て中や介護などの家族のお世話や、自分自身の病気や怪我の療養中など、さまざまなライフステージの方がやってきます。

女性たちの望みを聞きながら、叶えたいヘアスタイルを作り、笑顔で帰っていく場所。美容室とは女性たちにとって、たとえ人生の低迷期であっても尊厳を思い出し、自分を慈しむ場という側面を持つのです。

本質美容を実践する高次元美容室では、髪、肌、ボディ、意識をいきいきと生まれ変わらせる循環を促します。内からも外からももっときれいに、自己愛を自信と共に高めるための美容室です。

3 ひとりひとりが命を輝かせるために

私の願いのひとつに、美容室へいらっしゃる女性たちが自分の輝きを発揮して生きる、というものがあります。

そのために必要な支度をする場所、同時に天使が羽根を休ませる場所として、美容室を整えています。

「ここに来るといい出来事が起こる。開運美容室だね」と、お客さまが喜ぶ理由は、お客さまご自身がここでチューニングをしっかりとされ、ご自身で創造を始められたからに他なりません。

とあるお客さまのエピソードをご紹介します。

ずっと家事手伝いで、お母さまのお世話をしていた女性がいました。美容室でいろいろなことを話すうちに、「これではいけない」と、就職先を探し始めたのです。希望職種が少ないため、思いきって視野を広げて探すことにしました。

乾燥しがちな髪の毛が潤うホームケアを提案し、明想（※）をして心を調えることの大切さをお伝えしました。お母さまとの関係をどんなふうにしていきたいか、現実をどう大事にして自分の理想に近づけるかを、根気よく取り組まれるうちに、代々続く老舗の会社を見つけました。当時の社長が直々に「うちで働いてほしい」、と訪ねて来られ、彼女の誠実さと特技が存分に発揮されるその職場で働き始めたのです。

※明想　やすらぎでは瞑想のことをこう表記していました。詳細は後のページ（第２章13）でご紹介します。

心豊かな暮らしのお手伝いをする美容室、人生を楽しむための美容室では、水美容「ビーワン」（詳細は第５章を参照）を活用してお客さまがきれいになります。新しく生まれ変わってお店を後にされるその瞬間から、創造的な新しい毎日が始まるのです。

4 自然界から見た私たちの美容と健康

美容と健康について、目に見えないことの方が大事なときがあります。それは例えば、睡眠時間の確保。食事の質。化粧品や日用品の品質も同じです。目には見えなくても疎かにしないよう、知らず知らずのうちにあなたも気を配っているはずです。

ここでは、シャンプーを例にして考えてみましょう。

あなたは普段どこでシャンプーを買いますか？　一般的に流通しているものは、石油由来の界面活性剤入りのシャンプーが多く、安価で手に入ります。アミノ酸由来のものは値段も高額で、知らない方にとっては、手を出すには勇気がいるかもしれません。しかし、経皮吸収や排水として流れた後のことを考えると、皮膚に優しく生分解性の高いシャンプーを選びたいものです。

経皮吸収というのは、皮膚から浸透する働きのことです。湿布や禁煙のためのニコチンパッチなどの貼り薬も、経皮吸収という身体の働きを利用しています。有効成分だけではなく、皮膚のバリア機能をすり抜ける細かい成分が吸収されてしまうこともあります。吸収された化学物質や、ダイオキシン・環境ホルモンは脂肪にたまりやすいといわれているのを知っていますか。長年使って蓄積されることを思うと、病気の原因になりかねません。

廃水として川や海を流れるときはどうでしょうか。自然界の微生物に有益に働くどころか、環境を汚してしまっています。

私たちはパッケージの雰囲気や香り、広告などの情報からシャンプー製品や日用品を選んで買い求めます。そのときに、ふわっとしたイメージだけで選ぶのではなく、安全なものを見極める目を養うことが必要です。本当の意味で心地いいもの、つまり身体に負担をかけない製品を私たちが選択し続ければ、排水への負担が減り地球環境も良くなり、ますます私たちの本来的な美と健康が叶えられていくのです。

いま、サンゴの白化が進んでいる、ということをあなたはご存知ですか？　オーストラリアのグレートバリアリーフでも大規模に白化が見られ、危機感が募っています。沖縄の海も同じ。珊瑚礁には海中の二酸化炭素を吸って酸素を排出する働きがあり、海水の二酸化炭素濃度を保つ役割があります。この働きが機能しなくなると、海の生き物すべてに影響が出ます。私たちの生命は海を起源としていますから、陸の生き物にももちろん影響が出てしまうのです。地球上のすべての命がこうして繋がっています。

水場で光合成をする生き物が、地球上に豊富な酸素をもたらしています。海が身近なわが国では、沖縄のサンゴ、海や湿原などで育つ藻などがあります。そのため私のお店では、海の環境再生を願い、今まで以上に排水浄化に注目し、製品選びをしています。シャンプーは天然由来成分95％以上のもの、フェイシャルエステに使う洗顔石けんも環境保持に貢献するものを使っています。メーカーは発売時からずっと売り上げの一部を珊瑚保護団体に寄付しています。

「珊瑚のシャンプーください」と、買いに来られる方は、家族で自然環境をどうやって守ろうか、と、折に触れ会話をしていると、美容室に来るたび聞かせてくれます。自分の生活と自然環境が繋がっていることに意識的になると、子どもたちの想像力が育ちますね。

ここであなたに質問があります。美容室に入った途端、薬品臭で苦しくなったことはありませんか。

美容室を営業するためには、室内の環境を整える基準が決められており、換気は必須とされています。

店内にカラー剤やパーマ液の薬品の匂いが漂ってしまうと、お客さまが快適に過ごせません。また、お客さまにとっては数時間ですが（それでも危険！）、美容師にとっては毎日その場所で過ごすので、身体にとっては相当な負担になってしまいます。

表向きには華々しいイメージの美容業界ですが、手荒れや空気汚染など、健康ダメージに配慮が必要なのが現状。一番問題なのが、当の美容師にとってこの環境が当たり前になってしまっていることです。

「経世代毒性」といって、親から受け継いだ化学物質の影響が、子どもに出ることがあります。

私自身も、肌や呼吸器が弱い、と自覚しているところがあります。この苦しみは実は私だけではなく、同世代にアレルギーを持つ人が増えていることからも、見て取れます。私がまだ20代の頃に「20代の9割は何らかのアレルギーを抱えている」と、社会問題になりました。肌荒れやお店の空気が悪いといった職業病に限らず、花粉症やアトピーになる人も昔に比べかなり増えていますね。

自然な状態からかけ離れた美は、健康を脅かしている、といえます。不自然の上に健康は成り立ちませんから、現代美容に疑問や問いを持ってもらいたいのです。

5　女性の真の美しさが輝きだす瞬間

美容室でお客さまをきれいにするために経るプロセスは、いくつもあります。たくさんの引き出しから、その方に合った技術を用います。

私たち美容師の役割は、ファッションや流行を追いかけたり見た目の姿を美しくするだけではありません。公衆衛生や保健、香粧品化学、文化史など幅広い知識をひとつひとつ修学し自分のものにしています。美容技術をもって外面美容を整え、お客さまの内面の美しさをしっかりと引き出すことが、私たちの使命だと考えています。

では、どうしたらお客さまの内側に隠れている本当の魅力を引き出すことができるでしょうか。実は、本当の美しさを引き出すことは、どんなに技術のある美容師であってもできません。

なぜなら、お客さまご自身が輝いていなければ、美しさは表面には見えてこないからです。お客さまの輝く姿を、どのようにしたら表現できるでしょうか。

答えは、お客さまが笑顔でいること。このひとことに尽きます。

美容師は、最大限のお手伝いはしますが、関われるのも実はここまでです。それをどう活かすかは、お客さま次第。こちらから無理な提案をすることはないので、どうぞ安心して、外見も内面もより美しくなってください。

素直な心で「きれいでいたい」と願うとき、私たちの技術と相乗効果を生み出します。高次元な美容を実践している美容家は、技術はもちろん、心について勉強をし、鍛錬を重ねています。美を志す女性たちが持つ、秘めたエネルギーを引き出すことに長けています。それは、髪の毛の自然な艶、ハリ、コシに現れます。頭皮の色が健康的になったり、お肌に透明感が生まれる方もいます。

他人目線の美しさから自分の軸で美の基準を持てたとき、内面から溢れ出す女性の美しさは、もう隠せません。

美容師というのは、お客さまの髪の魅力をより一層輝かせるプロですので、信頼してお任せしてみてください。信頼関係を築ける美容師と出会えていないあなたは、これからがチャンス。髪形ひとつで女性の印象は変わりますから、大きな飛躍となる運命の美容師と出会って、人生の味方につけてくださいね。

私が美容室を会員制にした理由は、寛げる空間づくりのためと、美容技術を信頼という絆で守りたいからです。人の美しさと業界が抱える廃水問題の両方に効果的なアプローチをしていくことが、美容室開業の課題でした。会員制にすることで、日頃から環境にいいヘアケアを、確実に取り入れてもらうことができます。薬品を使った施術も、より効果的に活かせるようになります。

美容というと、自分のためのものと思いがちです。が、地球の健康も意識して美容の手段を選ぶことは、宇宙法則の視点から見ると、自然なことです。自分も地球も命として繋がっている、という感覚を養って、美容でも宇宙エネルギーを使いこなしていきましょう。外面と内面、どちらからのアプローチも、あなた本来の美しさを引き出すことができます。

6 浄化をコンセプトにした美容材料を選ぶ

実は、私自身いまだに化学物質過敏症に悩まされています。市販のシャンプーを使っているお客さまのお髪を触ると、蕁麻疹が出ることがあります。薬剤を使う施術では、顔がむくんだりだるさを感じることも出てきました。自分の手や身体をいじめながらお客さまに施術することが、とても辛くて、できなくなりました。今では真の健康を思うお客さまが増え、お互いの安全のもとに美容施術を行う美容室の運営が叶っています。

ホームケアでは安全なヘアケア用品を使い、より一層美しい髪の毛を育てる習慣をお客さまご自身が覚えて、自ら実践することで、家庭排水の汚染を減らしていくことが叶います。その結果、美容師の健康も守られるのです。

高次元な商品が、驚くような結果を見せてくれることがあります。水美容に限らず、現代科学では解明しきれていないけれど健康や自然環境に役立つものは数多くあり、古来より活用されてきました。微生物の活性液や酵素、粘菌など、自然と共存した美容や健康の方法は、現代ではたくさんのものがあります。

髪の毛のダメージは、行きすぎた美を追い求めた、不自然な結果です。

私が水美容を行うときは、地球環境浄化という、マザーアースへの慈愛と畏敬の念を込めて取り組みます。

これまで美容業界の常識として、美は外側に求めるものでした。しかし、内面へと意識が向かい、美と健康は切り離せないものだということが、一般にも知られるようになってきました。

三年前天国へと旅立った水美容のメーカー会長は、環境浄化を目的に会社を興し、高次元のエネルギーを広く伝えていました。高次の存在は私たちをいつでも見守っていることや、この三次元では物質を通してエネルギーが働くことを教わりました。

愛に立ち返る高次元美容というツールを活用し、美しい髪や肌を手に入れて、身体を喜びで満たすことは、深い明想にも繋がります。私たちが地球で自然と繋がって暮らしていくことは、より高次の文明を築くことそのものなのです。ここでお伝えする高次元とは、すべてはひとつ、という宇宙の本質のごくごく一部を美容を通じて解説しています。

高いか低いかで優劣をつけるものではなく、どの次元であっても、私たちを存在至らしめているエネルギーが本質です。この宇宙法則を知って、幸せ感度を上げてもらいたい、というのが本書の願いです。

7 美容室は髪と心を整える場所

女性が美容室に求めることって、髪形を整える以外にはどんなことがあるでしょうか。

✦リラックス、リフレッシュできること
✦髪の毛がきれいになり、健康になること
✦スタイリングしやすくなること
✦ハリ、コシが出ること
✦髪の毛を養うこと
✦髪が扱いやすくなること
✦艶が出ること
✦お肌や身体の美

まだまだ他にもありそうです。実は、ほぼすべての女性が、「もっといい髪になってきれいになりたい！」と感じています。

大丈夫です。より一層美しくなれるお手入れの方法を第5章でご紹介します。

女性にとって期待感の高まる美容室ですが、実は、美容室では環境について考える機会はほとんどありません。美容学校でも学びませんでしたし、問屋さんも情報をほぼ持っていないのが現状のようです。

その上、美容室で使うパーマ液やヘアカラー剤がとても強い薬剤だということも、あまり知られていません。見た目のファッション性とは裏腹に、使い方を間違えると、肌にダメージを与えたり健康を損なうことがあるのです。悲しいことに、環境汚染への対策もほぼありません。

薬剤による危険を極力避けるため、私のお店は水美容に力を入れています。

「頭皮洗浄」と呼んでいるヘッドスパメニューでは、ただただビーワン水を頭皮にかけていく、という施術をします。水美容に働くエネルギーは高次元からの贈り物、ともいわれ、このシンプルなメニューで、これまでに何度も不思議な体験をしました。

６年前、ストレスにより髪が抜け始めた小学生の施術エピソードをご紹介します。

「毎日頭皮洗浄をしよう」、と取り組み始め、４日目の頭皮洗浄のとき。彼女の頭皮に触れた瞬間、私の手のひらにざらりとした感触がありました。

地肌を見てみると、髪の毛の赤ちゃんがびっしり。ただ、髪の毛はその後も抜け続け、ほとんどが生え変わりました。それでもウイッグに頼ることなく、お母さんの手作りターバンで乗り切ることができたのです。

小学生がこれほどのストレスを抱えるようなことは、本来、あってはならないことです。が、同時に子どもの生きる力の強さは尊いものなのだよ、と、髪の毛の赤ちゃんたちが訴えているようでした。

リラックスしたいとき、髪と地肌を労わりたいときにぴったりの美容メニュー「頭皮洗浄」は、当店でも人気メニューのひとつです。疲れた心に潤いを届けることもできる美容法です。

循環器という専用の機材を使い、お客さまが横になって行うこの施術は、人によっては数秒で爆睡！　してしまうほど気持ちのいいメニューです。

透明な頭髪用化粧水「ビーワンバランス」を使います。終わった後の水は乳白色になっていたり、ヘアカラーやパーマ液の色がついたり匂いがするなど、結果は人によりさまざまです。

何より、水に揺蕩《たゆた》う感覚でリラックスし、

頭皮洗浄をした後には
ほとんどのケースで
透明だった水が濁ります

ネガティブなことはすべて水に流せるのがいいのかもしれません。

この「水に流す」ということばのように、流れに委ねると、エネルギーの波に乗りやすくなります。中庸、バランスを取って生きることを、美容を通して具現化していく取り組みのひとつです。

また、私は美容師が技術者となるために欠かせないカットの技術を、ほとんど学ばないまま技術者デビューしています。お客さまの髪を施術しながら、技術を身につけました。お客さまが施術にご満足いただくための秘訣は、髪の毛と対話をすることです。技術は大事ですが、それ以上に、お客さまやお客さまの髪の毛がどうなりたいかを見極め、それを形にすることで、よりその方に合うヘアスタイルづくりを叶えてきました。

私の美容室がある地域は、移住したい地として人気の場所で、たくさんの移住者が暮らしています。けれど、スローライフって実際のところは、結構忙しいのです。庭のお手入れを始め、菜園の世話や薪割りなどは、お天気に左右されます。毎月どころか２か月に一度さえ美容院へ行く時間を取るのが惜しいくらい、忙しい、と話す方が大勢います。カットサイクルが、都会にいるときよりも遥かに長くなる、といいます。

しかし美容業界では「毎月来店するようにお客さまを教育する」という概念があります。この矛盾の中で私はスローライフを楽しむ女性たちに寄り添うカット技法を編み出しました。

お客さま方が「八ヶ岳カット」と呼び、お手入れしやすい状態が長持ちするスタイルを提供しています。

お客さまの美しい髪というものは、単体で存在するわけではありません。身体、美容師の健康、そして地球の健康とも、密接に関わり合っています。私の美容室に来るようになってから、髪につやが生まれたり、手入れしやすくなったと実感され、美髪になる方が増えました。お客さま自身の髪のハリ・コシ・つや、地肌の健康、フケの有無などなど、ホームケアのほんのひと手間で髪の悩みが解消できることがわかったのです。

自分のきれいと自然環境が繋がっている、という実感を持ち、より自分にも自然にも優しい美容を求める方が、増えています。そんな方の声にお応えするべく、今は美容室を会員制にして、より深い癒やしにも繋がる施術を提供しています。

では、第2章からは、内からきれいになるためのプロセスをご紹介するとともに、大事な宇宙の法則を知って使いこなすための方法を紐解いていきます。具体的実践法や素材などもご紹介しますので、本質美容に取り組んでみてください。

第1章　実践ポイントまとめ

✦自分だけのきれいはあり得ない。人も自然も美しくなる新時代の美容を目指そう

✦地球環境に寄り添いながら、美と健康を叶えよう

✦内面美容を磨く場を持とう

✦一番似合う髪型にするには、まず笑顔から

✦環境保持に貢献する美容製品で軽やかにきれいになろう

✦命が輝く心豊かな暮らしを目指そう

第2章

【美の根源のしくみを知る】

宇宙法則を使いこなせば内面からきれいになれる

8 本質美を生み出す宇宙法則

宇宙法則を知って使いこなすことができたので、私の美容室はここまでやってくることができました。使いこなすといっても、生きている限りはまだまだ道の途中です。私にとって大事な基盤となった宇宙法則の学びは、美容業に限らず、ひとりひとりが内面を輝かせるためにも参考になるはずです。

では、第2章からまず私が勉強して知った、宇宙法則の内容を具体的に紹介しましょう。これによって、内から美しくなる美容法と宇宙の法則をリンクさせることで、知って使いこなせる第一歩を踏み出すことになります。あなたが大きく変わるきっかけになるはずです。

宇宙法則、本質とは具体的にどんなことを指すのでしょうか。

私は21歳のときに美と健康そして地球環境浄化をテーマにした、エコロジーな美容室で働くために、北海道から内地に出てきました。内地というのは北海道のことばで、本州のことを意味しています。美容室の運営母体は、ペンションやすらぎの郷。宇宙法則を説いていらっしゃる知花敏彦先生が、朝晩の講話をされていた宿泊施設です。知花先生から教わったことは、宇宙真理と実践の方法でした。

知花先生は、宇宙法則をさまざまな例えで説く中で、実相と仮相（かそう）と表現されていました。私たちを存在至らしめているエネルギーが実相、実在、本質と呼ばれるものです。それは愛とか光、エネルギーともいいます。仮相とは、現象として表れているもの。この世で表現として形を成しているものも仮相です。

例えば、ガラスでできたコップがあるとします。これはコップでしょうか、それともガラスでしょうか。本質はガラス、形はコップです。このように、〝本質を視ることが大事なのだ〟と、知花先生は説かれていました。

また、そのコップに入った水を冷やすと、固まって氷になりますね。逆に、温めると蒸発して空気になります。この変化を、バイブレーションを下げると個体になり、バイブレーションを上げると気体になる、とお話しされていました。つまり、私たち人間も固体の状態である、ということです。身体という固体を自分だと思っていますが、そうではなく、肉体は変化していく借り物です。本質の魂が宿っており、その魂エネルギーが身体を生かしています。

宇宙法則は三次元にこのように現れています

陽	陰
原因	結果
本質	現象
実相	仮相
男性	女性
能動	受動
エネルギー	質料
神	人間

9 私たちに内在している生命原理

私がサロンで水美容として扱っている化粧品メーカー／環境保全研究所は、故・西銘生義会長が興した会社です。会長は宇宙法則を活用して、地球環境を再生する方法を伝えるために、全国を回っていました。著書『生命原理』では、命が歩む道として生命道を示しています。「生命はすべてを育み、生み出し、繁茂させ、消し去り、道に帰る。」と、現象における創造、存続、破壊、再生のしくみを説いています。すべてが循環し無限だということに確信を持った西銘会長は晩年、宇宙法則を伝えることに奔走していました。

生命原理とは、宇宙は永遠に生成発展していて、私たち人類も無限であり永遠なるものであることを表しています。三位一体の図で見るとわかりやすいかもしれません。真ん中の光子体に到達し、理解したからこそ会長は「摑んだ！」と確信しました。そこに到達する人はそうはいない、と精神世界ではよくいわれますが、これこそが自分自身の本質なので、私たちもそこを目指していきたいものです。

私たちの本質は、肉体という見える形の中に霊体があり、それは光子体である生命があるからこそ形づくることができます。

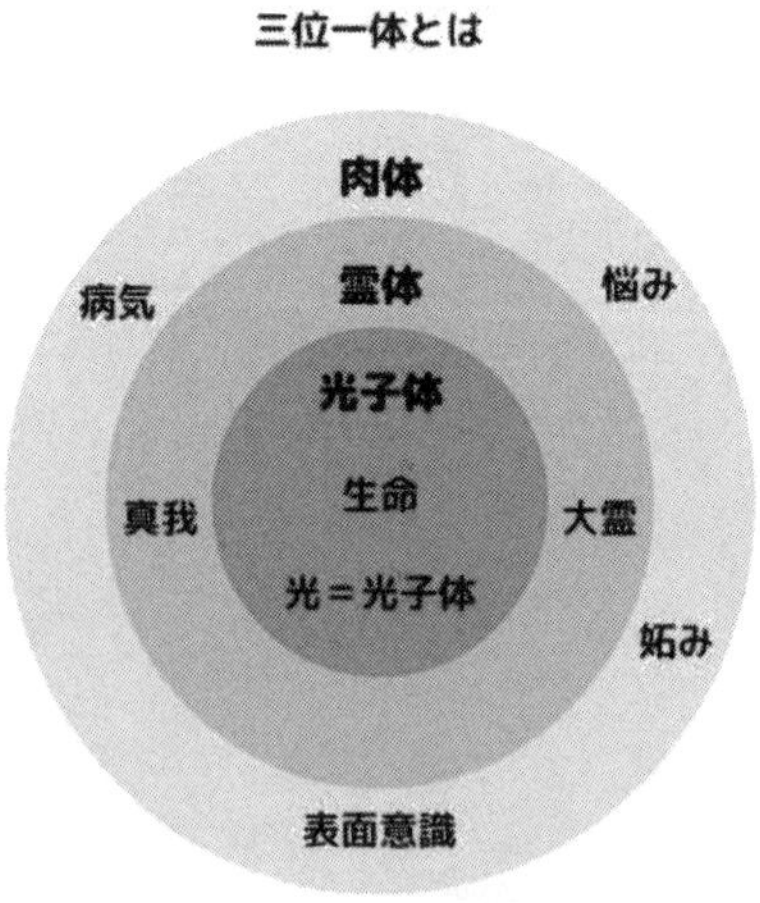

（出典：『生命原理』西銘生義著より）

私たちを生かす生命（神）は宇宙の中心であり、この中心からすべてが発生します。万象万物に神が宿るといわれるのはこのためです。そして、すべての命には役割があり、神の意識の現れ方が、動物、植物、鉱物、人間それぞれ違います。そこにはバランスが働いており、現象界は相対の関係で成り立っています。

10 中心原理は表裏一体と気づくヒント

相対に働くエネルギーは相反する方向にベクトルが向いていますが、すべてにおいて中庸があります。これは中心原理ともいわれ、私たち人間がこの法則を知ることで自然法則に則った生き方の基礎となります。

この法則に当てはめてみると、能動は生み出す力、受動は消し去る力となります。バランスの中でメビウスの輪のように絶えず循環し続ける法則を、中心原理、生命原理と呼んでいます。

このバランスが崩れたとき、人間だと病気や予期しない出来事に見舞われます。地球も生態系のバラ

中心＝生命（神）

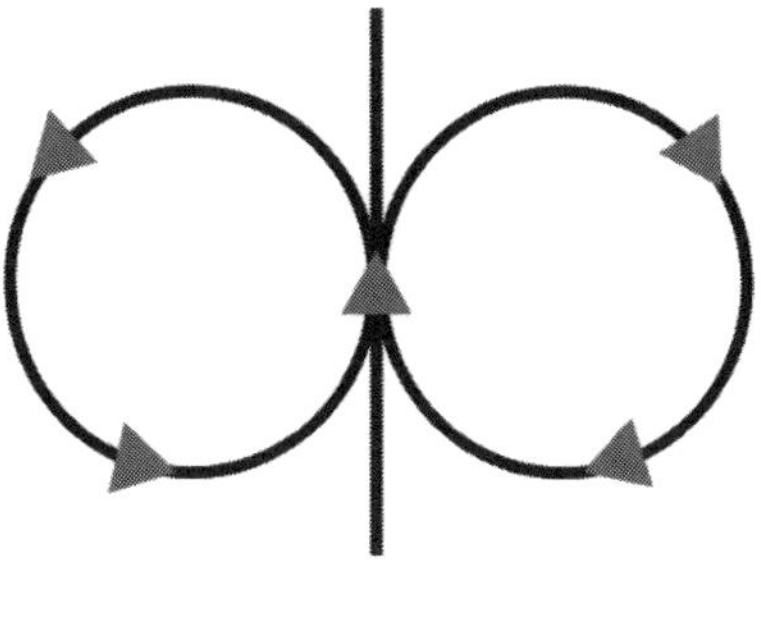

ンスが崩れて、環境破壊に繋がりかねません。今、地球上には私たち人間が作り出した科学により、自然に還元できない素材が溢れかえっています。同時に数々の動物植物を絶滅に追いやってしまっているのです。

因果応報という仏教用語にあるように、現代社会や地球の環境は、結果として表れています。原因は、私たち人間が作り出したもの。突き詰めていくと根本は私たち人間の思考（心）ということになります。

実はこの世の中を変えるカギは人間の心だったのです。

心と行動のバランスが自分の人生に大きく影響を及ぼすことになります。さらに心の使い方として「利他なる志」を持つことが人生を大きく発展させるコツ、ということになります。マザーアースである地球も、人間の営みに対して、ただただ与えるのみ。宇宙エネルギーを活用するには、利他がベースになります。

（出典　西銘生義『生命原理―西銘生義　生命哲学―』㈱美容総合出版　令和2年9月6日発行　21、22、24、25、28、30、31P）

11 生命に叶うサロンづくり

宇宙法則、中心原理、生命原理と呼ぶこれらの法則は、実際の生活や経営で実践することに意味があります。

美容室の玄関をバリアフリー化するために改装をした際、体験ルームも兼ねて自然工法で増築しました。自然工法を取り入れることは、私たち人間の営みが、自然界にとっても、メリットとなるのです。

基礎には松とヒノキの焼杭（やきぐい）を使い、人力で土中に柱を立てています。自然素材を用い人の手で作り上げることで、建物が生きているかのように自然環境と馴染みます。焼杭の周りには菌糸が集まり、土を豊かにし水脈を整える作用があります。

美容室本体はコンクリートの基礎ですし、どれだけ良い影響を環境下にもたらすことができるかというと、ほんの僅かにしかすぎません。けれど、この菌糸が土地に有益な働きをします。

土を通じて世界中の菌糸ネットワークがあります。木の根も同じで、遠く離れていても同種の木同士でコミュニケーションを取ることが知られています。

精神世界というと、これまではどうしても高みを見ることばかりに、意識を向けがちでしたが、私たちの上に天があるのと同時に、足元には大地があり、双方との繋がりを人間から切り離すことはできませんよね。

この改装によって、よりしっかりとグランディングができる状態が物理的にも作られました。

（上）基礎工事の様子　（下）松とヒノキの焼杭

施術のお客さまや体験ルームに来る方はいろいろな夢や計画をお持ちです。ご自身の美容に始まり、家族の健康や仕事のこと、環境問題、地球再生、とさまざまな事柄を見つめる時間を過ごされています。

ここで話していることを、菌糸たちは聞いているのです。情報をバイブレーションとしてキャッチしたことが、土の中にも伝わるとどうなるでしょうか。地下ネットワークを通じて、話したことすべてが大地全体に届き、共鳴する存在が現れます。自分のことを応援してくれる存在があるって、心強くなりませんか？

目に見えないことは、信じられないかもしれません。知らないことがあると、想像力を働かせることができない方もいると思います。精妙な世界があることに思いを馳せてみてください。そうすると、命に叶う選択肢が見つけやすくなります。

地上に存在している動物、植物、鉱物、人間がそれぞれ役割を担うことで、自然界の均衡を保っています。近年では人による環境破壊が世界各地で進み、食や生活スタイルの多様化で自然本来の姿から離れて文明が発達してしまっています。

万物の霊長といわれる私たちは、命の危険が常にあった時代を経て、今は心を養うことに時間を使えるようになりました。マザーアースと一体となってご自身の美を創造していくことが、これから先、待ったなしといわれる地球環境を再生し、次世代へと繋いでいく大いなる力に変わることでしょう。

12 見えない世界の入り口は身近なところに

地球はアセンションを迎え、見えない世界へ興味を持つことや、宇宙の科学に基づいた創造的な暮らしが、以前にも増して行いやすくなってきています。見える世界と見えない世界は、表裏一体なのです。

人の苦しみの多くは、自分の本心からの声に耳を傾けず、思考をグルグルと巡らせたり周囲からの評価を気にすることで生まれます。苦しみから遠のくために自己啓発を学んだりスピリチュアルといわれる世界に身を置く、といった具合に取り組んでいます。けれど、肉体を持って体験できるのは、この三次元にいるからこそ。

苦しみや危機に直面したときこそ、心の声を聴き、自分の本質と向き合い続けることです。覚悟を決めたとき、見えない世界の入り口が開かれることでしょう。そこには真の平和とやすらぎがあります。学びが終われば、その苦しみはもうやってくることはありません。似たような事象が起きても、苦しみに囚われることがなくなるのですから。

これまでは、クライシスともいえる出来事で強制終了になる方も多かったのですが、今、地球のエネルギーは、変わりつつあります。ネガティブなことが起きなくても、非物質の見えない世界と繋がることができます。水で例えると、空気という状態のバイブレーションに、自分を留め置くことです。

そのためには、何より、私たちを存在至らしめているエネルギーがある、と知ること。それを愛、神、光と例えて表現しているにすぎません。その本質の部分と繋がっているかどうかは、一瞬一瞬ごとに、自分自身の選択なのです。

清里入りした当初に私が実践していた瞑想の方法は、とてもシンプルなもの。座って目を閉じ、

「我神なり　我愛なり　我光なり」

と、心の中で繰り返すだけ。

最初は集中して繰り返せるはずもなく、違うことを考えたり眠ってしまったり、悟りとは程遠いところに自分がいる、と思い知るところからのスタートでした。また、やすらぎでは瞑想のことを明想と表記していましたので、次の項で詳しく説明します。

そんな当時の私でも日々取り組めたのには、理由があります。

当時の知花先生は、すでに現象について話すことはありませんでした。本質のみに徹底した講話から、明想の大切さを知ることができたのです。

また、四次元的なことや自己顕示欲についても意識の向け方がわかると囚われたり執着することがなくなります。

私たちを存在至らしめているエネルギーこそが自分の本質だ、と聞いて三次元を雑に扱ってしまうことがあります。この世は仮想、つまり偽物だ、と、食べるものや服装などに気を配らなくなったりして、自分のことがおろそかになってしまうのです。

ところが実際には、この三次元にいるからこそ、自分を神として見られるかどうかが大切なのです。神というのは本質のことです。執着することなく、過不足なく生ききること。足るを知ること。私たちが選択できる生き方の方法はたくさんあります。その数多くの選択肢と共に、本質は愛だと自覚できていることが、宇宙法則を使いこなすコツです。

13 明想を取り入れて自分の本質を見つめる方法

本来の自分を見つめる手段として、明想（めいそう）を提案しています。真なる自分と繋がるため、本当の自分を思い出すためのひと時を持つことをおすすめするとともに、その方法を二つご紹介します。

1

座って目を閉じ、頭頂部・こめかみ・眉間の交わる内側に光をイメージします。雑念が湧いてくるときにはアファメーションを心の中で繰り返すのもいいです。

「我神なり。我愛なり。我光なり」

何時間も座って明想できたらいいのですが、仕事や子育てがあると、取り組める時間は限られますね。５分間だけでも、心静かに霊性意識（※）でいる時間を持ちましょう。

※霊性意識…自分の本質を、肉体や容姿ではなく霊的エネルギーだと意識すること。

その5分を見つける努力をするのは自分自身。慣れてくると、一日中ふとしたときにその時間を持てるようになりますよ。心がけあるのみですから、共に目指していきましょうね。

2

黄金の呼吸と呼ばれる方法をご紹介します。

やり方はまず、ひと呼吸ごとに黄金に輝く光の粒を吸い込むイメージをします。すると身体中がその光で満たされます。吐く息は光り輝いているイメージで、その光は身体の周りで輝きだします。

呼吸をするたびにその光が大きくなり、今いる場所、建物、地域、国、地球が黄金の光に包まれるイメージをします。

ここではイメージと表現していますが、すべてが光と実感できるようになったら、イメージするよりも早く、鮮明に光で満たす呼吸ができます。

この二つの方法は、運転中や何かの作業をしているときには向きません。何かに集中したいときには「我、完全なり」と心の中でアファメーションして本質の視点から三次元活動に取り組みます。

瞑想、あるいはマインドフルネスというものに取り組んだことはありますか。自分の内側に静寂を持つことでパワフルに活動できる、ということを聞いたこともあるかもしれません。

より良く生きたいと願う人は、内観する習慣があると自己実現しやすくなります。条件付きで瞑想をする場合は、外側の世界、仮想の世界を意味しますから、その体験を求める動機を自分自身でわかっていることが大切です。

この世で上手に生きるコツは誰にとっても必要なことなので、瞑想に条件付けをしたり結果を求めることもひとつの方法として活用することはあります。瞑想、マインドフルネス、或いはメディテーションなど、さまざまな呼び方の内観方法でより良く生きることができます。
明想は、結果を求める瞑想やマインドフルネスとは対極の、ありてあるものすべてが愛である、という原因を、ただただ見つめるものです。明かりを思う想念と書いて、めいそうと読みます。

自分の内側を見つめることが目的で、効果効能や結果を求めるものではありません。マインドフルネスをやってもうまくいかないという人は、何かしらの効果効能を求めているから辛くなるのです。が、本質の状態でいられるようになることで、現象に現れてくるものが変わってくることがあります。怖れではなく愛で事を成しましょう。

この世的な地位や名誉、お金や物質を求めることが、目的になっていませんか。それらは三次元で生きるためにあると便利なものであって、執着してまで持つものでもありません。自分の本質が愛そのものだと気がつけば、名誉もお金も、流れるように動いているものだと理解できます。手にすることを否定はしませんが、本質が伴わない行動は虚しいものです。

形というのは変化するもの。人間の容姿も同じです。この世に生まれて生きていくということは、次第に老いていくということです。私たちは変化していく肉体を自分だと思い込んでいますが、形の世界での借り物です。死を迎えるときに必ず脱ぎ捨てるものですので、容姿にも執着しすぎることはありません。自分にとっての健康的なバランスを見極めましょう。だから外面美容と同時に、内面美容が、大切なのです。

健全な精神は健全な肉体に宿ります。内側を調えることで外側に美しさが顕現されるのです。その美しさを、神に捧げる愛といいます。

特に、美容室で扱う髪の毛は、脳をしっかり守らなくてはいけない頭というパーツにあります。その頭に触れるために、施術者はコンディションとエネルギーを保ち続けることが大切。エネルギーは高いところから低いところに流れるものだから、施術者の意識状態が低ければ、お客さまのエネルギーを奪いかねません。そうならないためにも、宇宙法則を知ることが大事です。
本来、エネルギーとは等しいもの。お互いのエネルギーによって素晴らしい施術時間となるよう協同創造をしてください。

また、高次元の存在と繋がろう、とか、愛になろう、といった表現は、注意が必要です。なろう、というのは現状を否定しているから、そう表現するのです。その否定をやめるとどうなるでしょうか。
人は一度にひとつのことしか、思ったり話したりできません。自分を神と思いながら同時に人間とは思えないものなのです。そのひとつの心や言動を、常に愛と共に在ることが大切です。

今の私たちが、本質に還るために必要なのが、明想です。明想状態、とは本質の状態のこと。神である自分が現れていることを神我顕現（しんがけんげん）といいます。明想を通して内観しながら生きることは、平安と平和をもたらします。

この仮想の肉体を纏う私たちは、自分の本質が愛だということを忘れて生きています。母体を通して赤ちゃんとして生まれるときに、記憶を消すのです。

自分が本質そのものだということを思い出し、愛として生きていくために、明想をして自分を整えます。明りを想うという漢字で表現する理由は、そのためです。

とはいえ、座るだけで他に何もしないのでは意味がありません。この三次元において、真の明想とは、常に行いが伴っているものです。

目を閉じて座っていないときでも、明想状態でいる努力はできます。誰かと接するとき、相手を神として見る。相手の言葉を神の声として聴く。そんなふうにして、仮想の世界に本質という光を自らもたらしていきましょう。

やすらぎの郷で唱えられていた祈願唱をご紹介します。

神の御心が天に成るが如く　地にも成らせ給え

願わくば　我らが神の伝導体とならんことを
地上に神の御国の来たらんことを
宇宙の中心より絶えざる愛の流れを人の心に流れ入れさせ給え
願わくば　我らが愛の想念体とならんことを
天と地の愛の架け橋とならんことを

我が愛は全宇宙に遍満し　大愛は我が中にましますす
私は大愛そのものなり

神は無限なる大愛なり
我も無限なる大愛なり
大愛が我をつくり
大愛が我の中に宿り給う

前半部分と後半部分のことばの違いに気づいた方もいるかもしれません。もともとは前半部分の祈りと願いのことばが先にあったそうです。そこに、「すでにある」という視点から見た自分の存在を表現することばが、後半部分に付け加えられました。

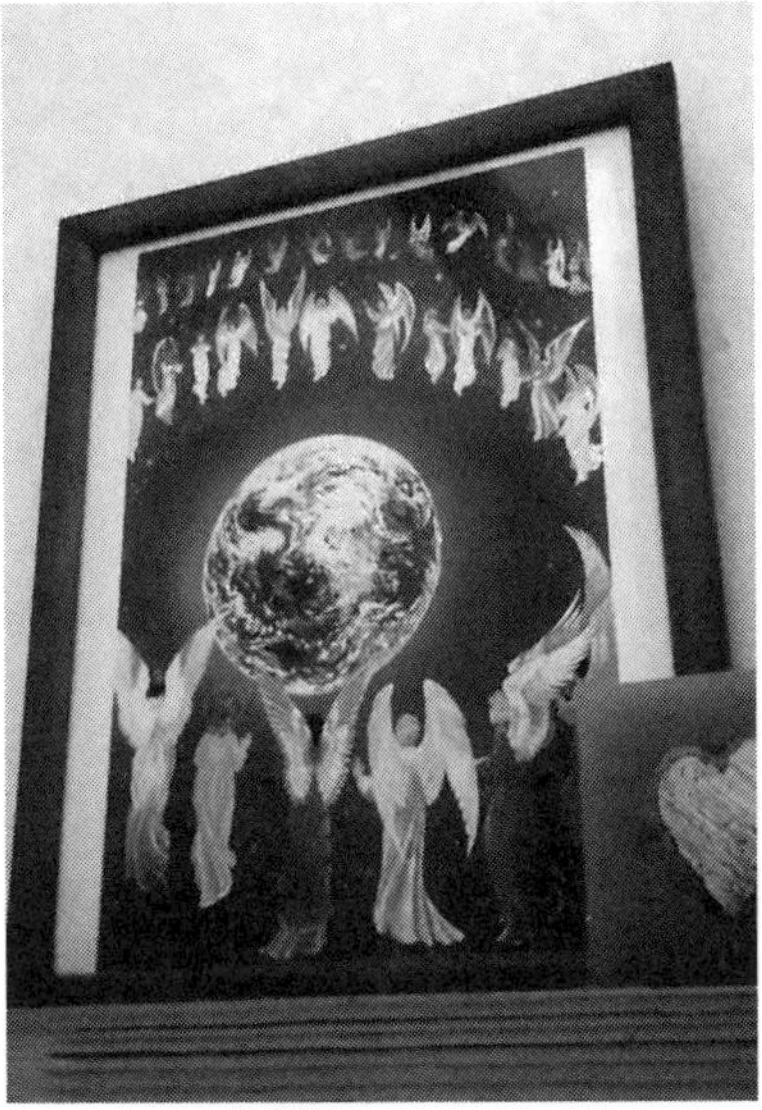
やすらぎの郷ヒーリングルームに
飾られていた絵

第2章　実践ポイントまとめ

✦本質は愛であり神だと自覚できていることが、見えない世界を意識して生きること
✦自分の本質が愛そのものだと知ろう
✦現象という結果の本質を知ると、すべてが完全だと気づく
✦自然環境と共鳴する場を作ると、自然界からも応援される
✦宇宙法則を実践するために明想を活用しよう

第3章

【愛の視点でいかに自他を見つめるか】
マザーアースと一体化すると、
生きることの捉え方がこんなに変わる！

14 マザーアースと一体化することが大切な理由

本質美容へと繋がる宇宙法則を、どのようにして理解し深めるといいのでしょうか。第3章では高次元美容室を営むマインドや、マザーアース（母なる地球）と共に在ることの大事さについて、見ていきましょう。

宇宙法則の教えを具体的に捉えるためには、毎日の生活の中で精神力の向上を図り、内面を磨くことがベストです。「こころゆたかな暮しのお手伝い」を美容室のコンセプトにしているのはそのためです。お客さまも私も地球環境も喜べる美容施術を提供することは、母なる地球へのエチケット。精神性と安全な施術は、本質美の両輪です。

21世紀に入り、それまで競争や独立といったエネルギーがメインだった時代から、共存共栄・公開というエネルギーに変わっています。平成はまさに過渡期の時代でしたが、令和になり、心の時代と聞いて腑に落ちる方もこれまで以上に増えました。

あなたが普段から考えていること、実は誰かの役に立てる知識や技術、あなたの魅力といったものが、もう隠せない時代になっています。自分自身の内側から湧いてくる想いや情熱をありのまま表現することを無為自然といいますね。作為なくマザーアースと一体化することで、個人的な欲に見えているものが、全体の幸せに繋がるヒントになります。

外面美容とは、見た目の美醜を超えたその人らしさの証しです。私たちは大いなる生命の循環の中で存在していますから、安心してご自身の魅力を発揮してほしい。そのために、宇宙法則をより多くの人と分かち合いたいのです。

人は誰しも、役割を持って生まれてきています。私たちは生まれてくるときに記憶を消してくるので、自分だけの役割を忘れてしまっていることがほとんどです。とはいえ、魂レベルのことはハートが反応するから、自然とわかってしまうもの。そのセンサーが働いて、自分の内側に湧き上がる好奇心をしっかりキャッチするには、コツがあります。普段から、自分のことを知っておくことです。

不安の声が自分の内側に聞こえているときも、その声を聴いて自分自身が調和していればマザーアースと共鳴し、よりバランスのいい選択ができるようになります。

内面調和をもって暮らすことは、波動レベルの社会貢献です。どんな人でも快くありたいと思っているものなので、本来は存在しているだけで、役割を果たしています。母なる地球を思うことに自覚的になることで、より精妙な波動になるのです。

15 人生の荒波を乗り越える

人は誰でも、人生の辛い時期を一度や二度は経験しているものです。荒波に揉まれる体験では、傷つき落ち込み、絶望を味わいます。自分の不運を嘆くこともあるでしょう。ここでは心の痛みを抱えたときの過ごし方や、ステージアップする方法について、エピソードを交えながらご紹介していきます。三次元でしっかり自分という魂と向き合い霊性を磨くためのヒントを見つけてください。

知花先生の講話のひとつに「人生の荒波」と題された講話があります。私にとってのパートナーシップの原点ともいえる講話ビデオで、知花先生と奥さんがボリビアで暮らしていた頃のエピソードから得た気づきについて語られています。

雨の降る寒い夜のことでした。先生はいつものように車を運転し、遊びに出かけていきました。奥さんが先生の帰宅を待つのは、門の前。車を駐車場に入れやすいように、と、門の扉を開け寒さを堪えて立っています。楽しく遊んで帰宅した先生。雨の中に佇む奥さんの様子を見てハッとしたそうです。

いつも自分のために奥さんがしてくれていることに改めて気がつき、感謝で号泣したのだそうです。それまで自分のペースでやりたいことをやっていた先生でしたが、悔い改めたのでした。

辛いときにも支えてくれる存在に気がついたとき、人の心は浄化され、荒波や嵐が過ぎ去った後には新しいステージが待っています。

知花先生のご家族は、いつも仲良しです。それは、先生のことを奥さんやご家族が支えていらっしゃるから。おふたりのパートナーシップの深さは、お互いの思いやりの深さによるものです。

この頃から、知花先生はパートナーシップのお手本。私にとっては恋の先生です。またラッキーなことに私は、夫婦が仲良くすることのメリットを、のちにやすらぎ関係者からも、たくさんたくさん、教えてもらうことになるのでした。

これまで荒波に揉まれて大変な思いをするたびに乗り越えられたのは、真理の学びを通して、理想とするパートナーシップの在り方がしっかりと出来上がっていたからだと思います。

先生は、講話の中に、すべての答えを示してくださっていたので、学び仲間の個人的な悩み事は、自分の思い癖と向き合うことで自ずと解決に導かれていました。私自身も、北海道から出てきて、美容の仕事を覚えよう！　と意気込んでいたのに手荒れで頓挫しかけました。想像もしない大波に飲まれましたが、何とかなるものです。それどころか手荒れのおかげで内面美容を深く見つめることができて、今があります。

16 愛の視点で自分と世界を見る

今の私にとって、活動の根幹となる価値観があります。それは、愛の度数というもの。『アミ 小さな宇宙人』という本に書かれている宇宙の法であり、私たちの内側にある愛を数値で表しています。この値を上げていくことが内なる愛を育てていくことでもあり、私たち水美容に携わる美容家にとってもひとつの指針です。

私たち日本人は、目に見えないものを数字に表したり、明確にすることに苦手意識があります。ですが、心を良い状態に保てるように、ぜひ取り入れたい価値観です。

目の前にいる人が、恐怖心に囚われている状態から愛の視点を取り戻してイキイキとし始める様子を目の当たりにするたび、私はとても嬉しくなります。そのときに発せられる喜びのエネルギーは、美容室でヘアスタイルが仕上がって喜ぶお客さまの様子と似ています。

視点が広がり、自分をのびのび表現できることを知った喜びが顕現されているのですから。

愛の視点ってどういうことでしょうか。

例えば、相手がいる場合に、向こうが何かをしてきた、というのは自我が見ているもの。行為、結果を見ているのです。

愛の視点は、相手がしていることを愛の表現だと受け止め、それを踏まえて自分が何をやるか？　という行動を伴うものです。自我に振り回されていることに気づかないうちは、都合のいい夢を見ているようなもの。そのステージを味わい尽くすことで、次へ向けた展開が始まります。どの次元で生きても大丈夫ですし、自由です。高みに自分を成長させたいなら、感謝という愛の視点で、見えるすべてを見つめるチャレンジがおすすめです。

美容室に来店する大切なお客さまに、私はいろんなことをして差し上げたいという思いが常々心にあります。ですが実際は真逆で、お客さまからの協力があるから、営業を続けることができています。

更には地域性も加わって、わらしべ長者のような豊かさをお客さまと分かち合うサロンにまで育ちました。玄関の増築を始め、薪の準備や庭の手入れなど、お客さまや業者さんまでが、それぞれの得意分野を発揮しながら、お店を盛り上げてくださいます。

気がつくと私の美容室は、無理して飾らずとも、ありのままでお互いのためになる人間関係がある場になっていました。自分らしさを発揮できる愛の場づくりは、お客さまがたとの協同創造の結果、出来上がっていたのです。

お互いに生き生かされているという意識を持つことで、すべてを活かしていく美容を始めませんか。

例えば、カラーリングで髪をしっかり染めるには、化学の力が必要です。自然界で分解するには時間がかかる化学の力を使う分、どうしても排水を汚して環境に負担がかかります。きれいな水と空気が保たれることを思い、本質を見据えた愛ある技術で喜びの好循環を起こしましょう。

　また、ここ数年で美容師の手荒れは労災認定されやすくなりました。安全な美容施術の提供は、環境汚染の視点からも社会全体で取り組むべき課題です。美容師やカラー・パーマを選ぶ人たちがまずは安全な美容を選んでいきましょう。

17 痛みを抱えるのは そこに旨味があると勘違いしているから

宇宙法則からすると、この世の見えるものは、エネルギーによって生かされています。実相が仮相《かそう》を生かしているのです。私たちは仮の姿として肉体を纏い、さまざまな体験をするべく、生まれた地域や時代によって数々のドラマが繰り広げられています。

体験することが、肉体を纏った三次元での目的だと思われがちですが、それは手段です。本当の目的は、私たちの本質がエネルギーそのものだと気がつくこと。体験を通して実感することができるのです。

この世に存在しているものは、質料とエネルギーによって見えるものとして表れています。内面美容にも外面美容にも働く法則です。

本質そのものが自分だと理解できると、三次元的な思考から煩わされることが減ります。が、それでも人は気持ちが沈んだり、落ち込むことがたくさんあります。

それはどうしてでしょうか。落ち込んだり心の痛みを自覚することで、自分にとって好都合なことが起きると錯覚しているからです。その旨味とはいったい何でしょう。人によって違うものですから、自分の場合はこういう思い癖があるなあ、と探してみてください。気がつくことでぶれない芯ができ、心が育つのです。

不幸癖、ということばを聞いたことがありますか。一生懸命なのになぜか不幸になってしまうという、悲しい性の人がいます。低迷期にいる人にも、同じことがいえます。誠実に丁寧に取り組んでいるように見えても、実際は仕事が全く進んでいなかったり、自分の評価を気にして、誰かを悪者に仕立て上げてしまっている人を見かけることがありますね。

外にばかり意識が向いて自分を変えるという視座に立っていませんから、いつまでも成長することなく、同じことを繰り返すばかり。輪廻のループにはまってしまっていますね。これでは外面美容も内面美容も満たされることはありません。抜け出すためには、良質な問いを自分に投げかけてあげてください。自分の内なる神に問いかけるのです。

産後うつで辛かったころの私にもこんな体験がありました。

どうしても抜け出せない思考のパターンにはまっていたときに、言われたことばがあります。

「その、落ちているところで何を感じるのか、まず感じてみなよ。這い上がってこようとするな。落ち込んでいる自分を認めて、味わい尽くしなよ」

こうして文字に起こすと、なんとも厳しいことばです。信頼がなければなかなか言えません。自己信頼を取り戻すためには、命に委ねること、命を信頼することが必要です。

自分にとって都合の悪いことばは、なかなか耳に入ってきません。知らず知らずのうちに無視してしまい、なかったことにしようとしているからです。しかしそこでグッと踏ん張りましょう。気持ちが深く沈んでいる自分が、何を感じているかをしっかり見ることで、新しい視点を得ることができます。

先ほどのことばを聞いた私は、パニックになりました。自分が落ち込むことや何もできないことを、認めることができなかったからです。

私たちはつい、視野を広げることを選ばず、小さい自分のままでいようとしてしまいます。でも、本当は、今すぐにでも、古い成功体験から卒業して、新たな好奇心に向かって挑戦することができます。

痛みに隠れている旨味を感じることを、悪いことだと決めつけて、諦めることはありません。突き詰めてみると、自分を守るためだったり、誰かを喜ばせるためかもしれないですし、ピュアな願いを持つ自分に出会うかもしれません。

深く自分に問いかけることでのみ、正しい答えを導くことができます。だから痛みを手放すことができるのです。健全に解決したいなら、そうコミットして行動しましょう。

霊性を磨くというのは、ただ座って神を拝むことではありません。自分自身の内側と行動を一致させ、より主体的に行動しながら、霊性も育てていきましょうね。

18 宇宙法則は完璧。だから私たちは成長できる

宇宙は、創造・存続・破壊を繰り返しています。そして再生してまた新たな創造が始まるのです。この完全な法則の中で私たちは生きていますから、実はどんなときでも成長は続いているもの、ともいえるのです。

もしかすると、停滞しているように思えるときや大切にしていたことが終わりを迎えたとき、悲しみの中ではそうは思えないかもしれません。が、宇宙法則から免れて存在することはできないのです。私たちはもともと宇宙の調和の中に存在して、マザーアースと繋がっていますから、むしろ、そこで感じるものを大切にしましょう。安心し信頼しきって、その状態に身を置いてみてください。どんな感じがしますか。それが人間体験を味わい尽くすということです。

私は困りごとがあるときはいつも、北海道の実家の母に電話をして相談をします。特に美容のことについては、誰よりも、お客さまのために何をどうしたらいいのかを熟知している大先輩です。

私自身、美容技術者として独り立ちしたのが、清里に到着してイキナリでしたので、それはそれは混乱しました。が、もうやるしかありません。

テレビ電話もメールもない頃に、電話越しに技術指導をたくさんしてもらいました。技術者の手元を見ることがない電話での説明でも、言わんとすることを理解して、お客さまに反映できたのは、幸いにも幼少の頃から美容室で美容師の仕事を見て手伝ってきたから。母の教え方は上手でしたし私も必死でしたから、あり得ない状況からでも、美容技術を身につけることができました。

あなたにも、過去を振り返ると、「なるようになる」とはこのことか、と、実感が湧いてくる出来事があるはずです。宇宙法則の完全さに委ねるしかなくなったとき、前に進むための明るい道筋がその都度ちゃんと現れてくるものです。

助けを求める相手もいないときは、「世界は完全だから大丈夫」ということばを心で唱えます。

気持ちがスーッと楽になって、心を平常に戻すことができますよ。自分で自分を勇気づけするパワーワードです。

完全だから成長できる。このことを教わったのは、前述した西銘会長からでした。経営の神さまといわれる松下幸之助氏からＰＨＰで直接学び、自身の飲食店を街一番の繁盛店に育てた経験があります。

清里に拠点を移し、知花先生の講話が「誰でも」「無料で」聴けるように、と、場を整え、経済との両立をされた方です。

やすらぎの郷の玄関のところには「感謝箱」というボックスがあり、知花先生へのお礼はそちらに、というものでした。

「これはそのまま先生にお渡しします」と、初めて宿泊したときにスタッフから告げられました。先生の講話を聴きにやすらぎに出入りするのは無料でできるけれど、先生のお話を聴いて感謝を示したい人はこのボックスを活用すればいい。これこそ喜びの経済、好循環です。

やすらぎの郷はペンションなので、宿泊ができます。私自身も１週間ほど滞在しました。また、全国から知花先生のお話を聴きにいらっしゃる方は、やすらぎや近隣の宿に宿泊したり、別荘を持つ方、マンションの一室を借りて住む方など、いろいろな方がいらっしゃいます。

講話自体は無料ですが、場の運営に工夫があったのです。まず、朝晩の講話をカセットテープ、ビデオテープにして販売していました。そして近所にある関連会社が出す月刊誌では「今月のおすすめ」として紹介され、通販を行い、遠くにいても講話を聴ける環境が整えられていたのでした。

講話は録音も自由で、聴きたい人がそれぞれにとって一番やりやすいスタイルを選べるのもありがたいことでした。手ごろな価格でしたので、私も毎月のようにカセットテープを買っては何度も聴いて学びました。

当時の精神世界というと、何か怪しげな修行でもしないといけないかのような空気感が漂っていましたが、実際はそうではありません。現実の生活の中で行動していくことこそが、真理の実践だ、という知花先生・上江洲義秀《うえずよしひで》先生の教えを体現するかのように、やすらぎの郷は全体がハッピーになる仕組みで運営されていました。

このとき、水美容商材「ビーワン」の総発売元・㈱環境保全研究所は、フリーエネルギー研究をされていた知花先生を顧問に迎えていました。関わる人や先生の講話を聴きに来る大勢の人にとっても、物心両面を磨く場が作られた

知花先生と

のです。

美容商材を製造販売するようになってからは、環境浄化の啓蒙を始め、喜ばれる経営のコツを日本中に惜しみなく伝えていた西銘会長。宇宙法則が完璧、完全だからこそ私たちは前進し成長していくということを、ありがたいことにやすらぎの郷で働いていた頃、間近で見させてもらっていたのでした。

19 古い考え方を手放して時流に乗りやすくなる美容法

日本において美容師法が制定されたのが1957年（昭和32年）、戦後12年が経過した頃です。パーマネントウエーブやヘアダイといった薬剤を使った施術が広まったのもその頃からです。

戦後から今日に至るまでに石油化学製品が広まり、暮らしが便利快適になる一方で、健康被害や環境汚染が問題となり深刻化していきました。その中でエコロジーを視野に入れた美容商材は、必要性がわかっていても開発できるだけの科学技術が当時は世界的にもなかったのです。

髪の色を安定して染めるには、化学の力に頼らざるを得ない状況でした。

水美容ビーワンは、26年も前に流通が始まったのにもかかわらず、新しいと表現するのには、もうひとつ訳があります。

それは、高次元エネルギーからの贈り物に着目している、という点です。

私たちの意識によってこの世は具現化されています。自分がきれいになって心身が浄化され成長する、というのはいわば利己。自分を満たすために大切な要素です。環境を浄化することは、この地球上で暮らすすべての命を思う利他的な活動です。そのバランスで水美容は成り立ち、この利他的想いに、大いなる宇宙が味方してくれるのです。

現代の過度な化学薬品の使用は、社会問題にもなっています。

美容業界でいうと、パーマ液やヘアカラー剤が環境にかける負担がどれくらいかご存知でしょうか。パーマをかけたお客さまの髪をすすいで流した排水は、どのくらいで浄化すると思いますか？

元の水に戻すまでには膨大な量の水が必要です。私たちの目には見えないところでたくさんのエネルギーを要するものなのです。

残念なことに、家庭で使うものも同じです。石油系シャンプーやリンス剤は、泡立ちと香りでリッチな心持ちにさせてくれます。ですが、頭皮や手肌へ刺激を与えたり、廃水として流れた先、自然環境への負荷が心配されています。

食べ物だと食品添加物、私たちの生活全般でいうとCO_2削減は急いで取り組みたい課題です。こういった私たちの生活と地球環境のバランスを取るための工夫ができるのは人間のみですから、私たちが崩してしまったバランスを、私たちで真ん中に戻すことができたら嬉しいです。

エシカル、サスティナブル、リジェネラティブ、ＳＤＧｓといった、持続可能な暮らしに向けた取り組みは今でこそ国内に広く知られるようになり、政府や企業も意識を向け始めました。自然環境は人間のように声を出して話したりできません。心を向ける大人を増やしていきませんか。

浄化がテーマの水美容を続けるうちに、日本人の美しさの要は水のきれいさなのだ、ということに気がつきました。水をベースにした美容法は、日本人の体に合っています。日本の美しい水を守り育てながら、インナービューティーを磨いていきましょう。

このように、ビーワンシステムはコンセプトも素晴らしいのですが、実際に触れてみることでその良さを実感できます。内面美容は癒やしと気づきを私たちにもたらしてくれます。体感することで心身の浄化に繋がるのです。古い自分から新しい自分に、生まれ変わるきっかけを摑んでくださいね。

20 私たち人間にとってこれからの課題は、母なる地球と共に生きていくこと

この世の形に現れているものにはすべて、エネルギーが宿っています。物質を存在至らしめるこのエネルギーが、私たちを生かしている本質です。

地球上に暮らす私たちは、地球なしでは生きていけません。この地球も同じように、エネルギーと質料でできています。

これまで便利さや快適さを求めて人間が生きてきた結果のひとつとして、環境問題が現れています。

この世に現れているものはすべて仮相だ、と、知花先生は説きました。その仮相の中に私たちが三次元を体験する地球があるのです。仮相だからこそ、心を尽くして「取り組む

エネルギーを私として自分を見る」トレーニングなのだと捉えてみてください。

地球環境問題は待ったなし、といわれている今、多くの人の思いや想念が集まっているからこそ、人の手で取り組みたいですね。私たちにできることは誠意を込めてやり尽くし、緑滴る美しい地球を次世代に手渡したいのです。

万物の霊長として存在している私たちにとって、このたったひとつしかない地球上で、どんなふうに生きるのが理想的でしょうか。生きていく目的や魂の課題は、それぞれ違います。そして、自分が生きることと他を生かすことは、表裏一体です。

あなたがいくら自分ひとりで生きていると思っても、実はひとりではないですよね。呼吸をしている私たちは、空気によって生かされています。

自分ひとりが生きている、という視点から、私たちすべての命が生きている、という視点まで広げてみましょう。

母なる地球から、水や原油やガスを取り出して人間という子どもが生き続けています。その結果、地球というお母さんは穴だらけ。母性はそれでもなお与え続けることでしょう。私たち人間は与えられずに存在することは不可能ですから。

地球はこの先、人間によって壊されてしまうのか、どうなのか。それは、今はわかりません。わからないから気にしない、というのではなく、わからないからこそ、思いやりを忘れずに、母なる地球へ感謝する生き方を選びたいですね。

人間だからこそできることを素直な心で思い描いてみてください。性別も年齢も、できればいったん脇に置いて、たった今、ここに自分がいる、ということを祝福してほしいのです。

本質として生きるとは、自分が高次の存在そのものとして生きることです。

私がサロンで導入しているビーワンシステムには、のちに光触媒が加わりました。光触媒というのは、近年、ウイルスを分解することがわかり、注目を浴びている素材です。その中でも当店では、生体に融合する特殊な光触媒を採用しています。

地球上の環境問題には、疑問を呈する人もいますね。

しかし、増えていくごみ、行き場のないプラスチック、ヘドロになった砂浜。これらを安全な状態に戻すことができる科学技術はあるのでしょうか。少なくとも、このことに意識的に取り組めるのは、地球上では私たち人間しかいません。原因を作ったのも私たち人間です。

高次の存在は、私たち個人の願いだけではなく、社会全体を見ています。私たち人間の集合意識が何を望むかで、地球の未来が創造されます。環境問題や気候変動などを終わらせて、どんな地球にしたいか、子どもたちの未来がどんな状態だったら安心できるか、など、みんなで味わう幸せを、妄想しませんか。

地球丸ごと愛の星になるべく、すべての命が真にやすらぎ、あるがままで幸せでいられるようなイメージを、宇宙に放ちましょうね。

21 施術者として最高のコンディションを保ち続ける

人さまに触れるということは、気をつけなければいけないことがあります。エネルギーが低い状態だと、高い方から奪おうとするからです。体の中でも大切な頭を触らせていただく私たち美容師は、常に内観をし、霊性を磨くことをおすすめします。自分の体調がお客さまのコンディションに影響されることは基本的にありません。

明想をして自分を整えながらサロンに立つうちに、私の美容室は、美と健康と地球再生を思うお客さまとのコークリエーションができる場になりました。

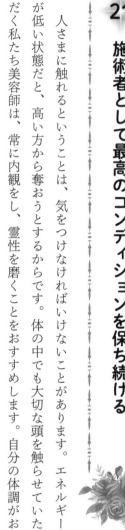

施術者がお客さまを担当するときの心の持ち方には、コツがあります。自分の中の愛という本質の部分から施術をすることです。私たちは三次元という形の世界に体験をしにやってきていますから、今の自分にできることを真心を込めてするのみです。

施術をしたらお客さまにデトックスがおき、その毒素のせいで具合が悪くなった、と施術者が相談に来ることがあります。
そういう方はたいてい「お客さまから出ている毒素が自分に悪影響を及ぼしている」と、本気で訴えます。ちょっと言いにくいのですが、私には、自分の具合が悪くなったことをお客さまのせいにしているように見えますし、自己アピールの手段にしているように感じます。

その毒出しを手伝った私、偉い！　具合の悪い人を助けた私、すごい！　といった、承認欲求の表れがそこには潜んでいませんか。人の身体は時間軸と共に変化しながら生きていますから、体調が一定じゃなくて当たり前ですよね。ぱっと見でネガティブそうなことをネガティブな側面だけ認識すること自体、健全ではありません。「毒素が出ている」という仮想を作り出して、それに酔ってはいないでしょうか。しっかり内観して「完全」を視るタイミングなのです。

霊性が、体験を積む成長段階としての過程が、それぞれにあります。私たちの本来の目的は何かを思い出し、そこからぶれることなく、全うするのみです。承認欲求は持って悪いものではありません。自分で満たすものなので、お客さまやクライアントを巻き込んで個人的な欲求を満たすことは、もう終わりにしませんか。本当の創造をお客さまとしていくと、楽しいですよ。

セラピーをする人にも「今日のクライアントは負のエネルギーが強くて」という人もいます。エネルギーはプラスに働くかマイナスに働くか、方向性により違いがあります。しかし本質を見誤ると、それはエネルギーアタックです。この場合、実はセラピスト側にクライアントからのエネルギーが流れています。

相手の本質を愛として見るレッスンと思って、お互いが光り耀《かがや》くような関わりを心がけましょう。

セラピーや対人支援に関わる方は、ここをしっかり理解しておくと、あなた自身に内在する無限のエネルギーを自在に操れるようになりますよ。

嫉妬や僻《ひが》みもエネルギーアタックのひとつです。こちらに向かって生霊が負の念を送っているようなものです。

妬《ねた》みや誹《そし》りは本質ではありません。その感情を持った本人が内観して自身の本当の願いに気づくきっかけとして、その感情が起こっています。そのメカニズムを知っていれば、必要以上に影響されなくて済みますので、ぜひ覚えておいてください。

宇宙法則には、自分の意識を自分で上げる、という世界観があります。能動的なエネルギーを持つこと、簡単にいうと積極的に行動することで、本質美容は、施術者にもお客さまにもあり得ない働きを見せてくれることがあります。

自然療法で身体を整えている方や、体調の乱れたお客さまを担当することもあります。が、お客さまの体調がどんなに芳しくなくても、それに自分が左右されたり、具合が悪くなるようなことはありません。それどころか、命の輝きを見つめる神聖な時間を共有しているのが、高次元な美容です。

22 マザーアースと繋がり、本質美を伴う生き方に

この地球はマザーアースともいい、地球上の生命にとってのお母さんのような存在です。お母さんというのは女性原理、質料を意味しています。この地球という大きな質料と自分の身体は、繋がっているのだ、と自覚的になることで、精妙な波動を体感覚で理解できるようになります。

地球上でもっとも暑くなった地表面温度がおよそ80度。反対に冷たい場所はマイナス110度、その差190度もある地球です。私たち人間にとって快適と感じる温度は18〜22度ですから、地球のスケールの大きさがわかりますね。人間は僅か4度の間が快適といわれる温度です。感じ方は厳密には住む地域や習慣などにより、個人差が大きくありますが、それを考慮しても地球の温度差には、人間は適応できません。

地球上には植物、鉱物、動物、そして人間が存在しています。植物は、根っこを通して世界中の同種と繋がっており、テレパシーのように交信しています。

動物も同じで、例えば飼い猫が数日帰らないときなど、近所の野良猫にお願いすると猫のネットワークで当の猫に伝わり、家に帰ってくることがあります。

また、私たちが住んでいる場所の周りには野生の営みがあり、そこに暮らす動物たちは、人間の営みとほどよい距離感を保っていました。

しかし、手つかずになってしまった山が荒れて食べるものがなくなり、里山に現れたり街中に出てくる動物たちもいます。ほどよい距離を保てるよう、努力をすることが、人間には必要です。人間自体には自然界の中では大きな力はありません、その代わり知恵と工夫でマザーアースと関わることができます。

私たち人間は、いつまでも自然と分離した美容ばかりを追い求めていても、いいのでしょうか。

里山で暮らしていると、さまざまな野生動物に遭遇します。その動物たちが私たちが住むことを認めてくれているから、山のふもとで暮らすことができます。やまね、雉、鹿、熊、イノシシ、ハクビシン、ふくろう、カモシカ、とたくさんの野生生物が住んでいます。

心の中でいいので、この動物たちに感謝の念を送ってみてください。現状では人間が地球上を支配しているかのように存在していますが、実は動物植物鉱物のおかげで存在できている状態だということがわかると、グランディングが強化され、その土地とより強く繋がることができますよ。

第3章　実践ポイントまとめ

- ✦マザーアースと一体化して自分の内面と繋がろう
- ✦お互いに活かしあう世界をつくろう
- ✦勘違いや小さな自分を手放して、命の本当の旨味を味わおう
- ✦宇宙法則に委ねていると、成長はごく自然に起きるようになる
- ✦これからの時代、化粧品は全体性を踏まえて選ぼう
- ✦万物の霊長としてどう生きるかデザインしてみよう
- ✦高次元との協同創造をしている、という視点で内面を整えよう

美容室風景

美容室開店の申請をしに保健所へ赴いた際、偶然上江洲先生ご夫妻に会ったときのもの
海外講演が始まりパスポートの申請をしに保健所のある同じ建物へいらしていました

娘が描いた絵
私がお客さまの髪を切っているところ

第4章

【揺るぎない本来の美の次元へ】
自己愛を育てて
外面美容と内面美容を統合する

23 内面美容は自己実現のカギ

毎日が幸せだけれど、何となく物足りないような、満たされていない感じがする。そんなときはありませんか。ことばにできない、何となく抱えた不満感を、魂の欲求不満といいます。本質的な自己実現に目覚めるための魂からのメッセージです。

自分はなぜ生まれ、生きていくのか。人はどこから来てどこに向かうのか。その問いの答えを自分で求めるタイミングがきています。

三次元での生活は有限ですから、肉体を纏って生きている今のうちに、宇宙法則を深く探究してみることをおすすめします。

今、あなたの毎日の充実度は、点数で表すと何点くらいでしょうか。こんないいところがあるね、と、才能を新たに見つけたり確かめるために自己評価をしてみるのです（11

４Ｐ図表参照）。

例えば、私なら、１００点満点で70点以上が合格だとして、今の自分は70点。１年前だと65点でした。

家族の年齢やライフステージによって生活リズムが変わり、ここまで頑張って過ごしてきたので、合格点です。１年前では、新しく始まった生活になかなか身体が慣れないため、模索していた時期と重なります。合格点よりマイナス５点をつける理由は、「できていないことへの評価」と思われがちですが、むしろ逆で、伸びしろがあることで自分への期待感が膨らむ５点なのでした。

自己愛を育てるとは、例えば、この５点の評価に込めた温かさを受け入れられる自分になることです。自分への信頼や自信は、外面美容として表れます。

もしもあなたが自分をジャッジしてしまうなら、できているところを書き出して、自分で自分を褒めてあげましょう。美容のために髪とお肌のお手入れで欠かさずやっていることを書き出して、改めて自分のことを労ってください。忙しくてお手入れをする暇さえない！　というときでも大丈夫。お手入れの時間がないくらいに打ち込んでいることが「ある」のです。

日本人はシャイで謙遜しがちといわれますが、自己卑下のことばは自分にとってマイナスですし、人を不快にしてしまいます。もし口にしているなら今すぐやめましょう。その代わり、できていることを見つける努力は惜しまないでくださいね。

ライフタイムライン

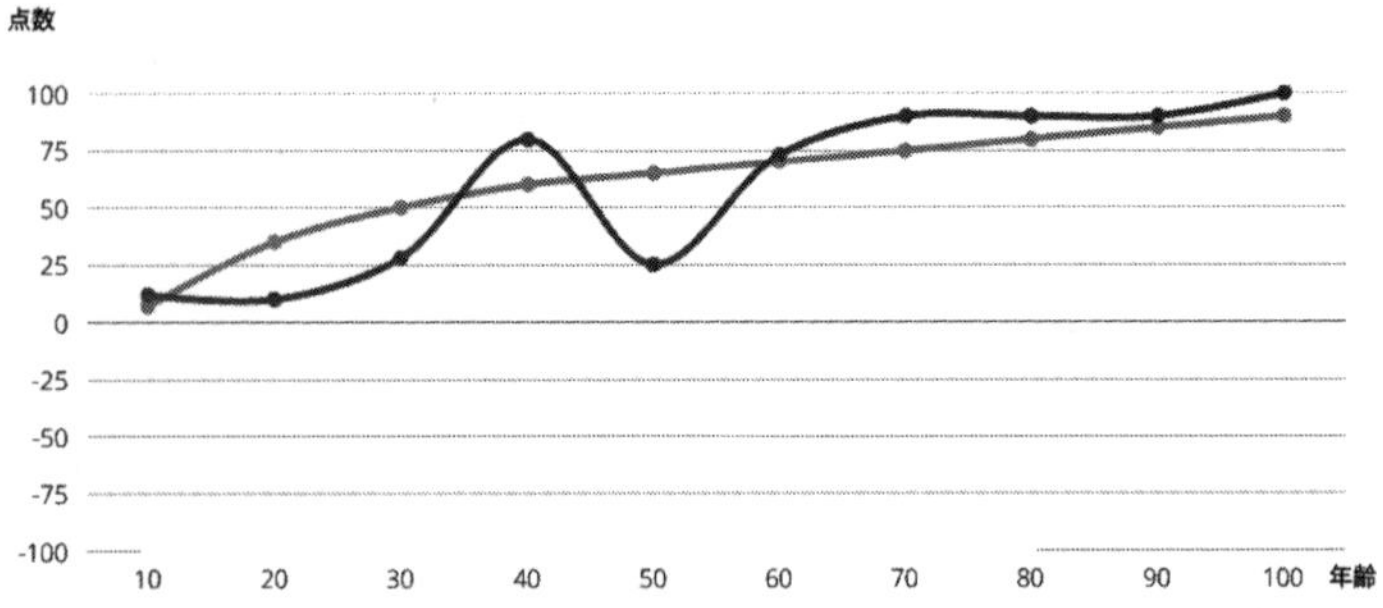

目標にしたいところ
このくらいできたら満足、と思う数値を設定する

自己評価
振り返ってみてよくやったとねぎらえる点数をつける

24 心の状態が髪の艶に現れる?!

ひとりで営業している私の美容室は、基本的に施術はマンツーマンで行います。ふたりきりでいると、他に聞いている人もいないので、お客さまが誰にも話せないようなことをぽつりぽつりと口にします。心が軽くなってお帰りになるようです。

美容師というのは人の後ろが「表舞台」なので、人からは見えない場所でお客さまの美を整えることが使命です。お客さまが鏡に映るご自身をご覧になって、髪と心が心地好く変化したら、不要となった荷物は置いて、新しい自分に出合えばいいのです。

長い人生、いろんな日があります。それでも毎日生きているという、それだけでもありがたいことではないでしょうか。

誰にも話さずに抱えてきた分、ひとりで視野が狭くなっていることもあります。話しながら、お客さまがご自身との対話を深め、新しい視点が生まれたり、発見があるようです。

心の内側は、見た目にも影響します。くせ毛や髪がまとまらないといったお悩みをお持ちの方の中には、お手入れをいくらしても、結果が出ないことがあります。心の中に抱えている課題やモヤモヤの正体は、魂レベルでの不満。そんなときに限ってお手入れのやり方が間違っていたり、偏ったヘアケアをしていて、美髪から遠のいています。外面からの相応しいアプローチで、内面に潤いを届けましょう。

そんな女性たちを見てきて感じるのは、自分の心に蓋をしている女性の多さ。

渇望する命に光を与えるのは自分自身です。本当の自分に還るべく、さまざまな現象が立ち上がります。一見するとトラブルのような出来事でも、そこから自分自身の価値観や在り方を振り返り、軌道修正をしていくきっかけにするといいのです。髪のコンディションから、心の内を知ることもできます。

私の体験談になりますが、子どもの頃に捻挫した足首がいつも不調で、正座をするのも辛いほど。産後は頻繁にぎっくり腰になっていました。その頃に、「自分を知る」という取り組みを始め、とあるリフレクションワーク（※）に参加しました。感情を深く掘り下げたところ、下半身に衝撃が走り、ぎっくり腰が悪化。動けなくなってしまったのです。

明想に身が入らないほど身体が悲鳴を上げて、整形外科へ。腰に原因がないため、医師がレントゲン室で足首の状態を診てくれました。

すると、まあ、なんということでしょう。それまでも何度も受診して、そのたびに異常なしだったのが「これは一生に関わることだよ」と、足首の靭帯が切れてしまっていることがわかりました。

長年の不調の理由がわかって、ようやく安堵した私。

この出来事は、自己受容できていない自分が、自分を知って慈しむことに許可を出せた矢先のことでした。

このように、自分を知ると自己受容が起き、自分の深い内面と出会う出来事が立ち上がります。そこでしっかり向き合うと、心身を健康に保つコツを掴むことができます。心身の豊かさは、髪の艶にダイレクトに現れますから、ぜひリリースしていってください。個人差はありますが、自分自身でも忘れてしまっているような身体の不調和が水美容で思いがけず解決した、というケースもあります。

※リフレクションワーク…話し手があったことを話し、聞き手は話し手が「体験した」ことを返す（リフレクション）ワーク。話し手が自分の感情へ自ら繋がっていく。

25 髪は神。高次元のエネルギーを受け取る方法

私の美容室には、「ここに来るといいことが必ず起きる」と話すお客さまがいらっしゃいます。就職が決まった。大学に合格した。お母さんの体調が快復した。入手困難なフィギュアスケートショーのチケットが当たった。などなど。開運美容室だね、と喜ばれています。

美容師は、技術はあって当たり前です。お客さまは、お悩みを解消するだけではなく本質美容に意識を向けることで、ご自身の運気を自ら上げて、お帰りになるようです。

美容室選びって、難しいですよね。その理由は、髪に悩みを持つ女性は100パーセントだからです。その悩みに応えたくて始めたビーワンシステム。

エネルギーの媒体として水を採用しているのは、髪が潤うだけでなく、精神もきれいな

エネルギーで満たしやすい、と実感しているからです。

環境問題や目に見えない心のことなど、普通の美容室では扱わないようなことを大切にしている美容室ですが、昨年、玄関をバリアフリー化してからは、高齢のお客さまも増えています。

そんな方にも、明るい気持ちになってお帰りいただきたいのです。

具体的には、同じ話題を何度も話す方には、聞きながら相槌を打ち、同じ話が繰り返されていても、そのたびに新鮮な返事をします。これが正解かどうかはわかりませんが、そうしているうちに、初めは何かに不安や不満を抱えている目の前のお客さまが、だんだんすっきりした表情になります。同じ話を繰り返してしまうのには、何か囚われている理由があります。相手の話を否定したり遮るのではなく、心で寄り添って耳を傾けます。

お互いに快い時間を過ごせるよう工夫をすることは、見えないエネルギーへの働きかけでもあります。自分がエネルギーを出せば、必ず同じだけのエネルギーが返ってきます。

見えない世界であるインナービューティーを目覚めさせる秘密の鍵が、髪にはあるのです。

「髪は女の命」といわれるほど、女性にとって髪の毛は自己表現でもあり、大切なもの。東洋医学では「血余（けつよ）」と呼び、血液の流れの良さと髪の艶・ハリは関係しています。髪が元気なことは、生命力の表れなのです。

そんな、女性にとって大切な髪の毛ですが、重金属の排泄器官という役割があります。毛髪の成分分析検査をすると、その時期に摂取していた重金属の種類がわかるのです。髪の毛が多いと、その分重金属を体外に排出しやすくなります。男女で違いがあるかを見てみると、個人差はありますが、男性の方が薄毛になりやすい分、排出しにくいといえます。女性の方が男性よりも平均寿命が長いというのも頷けますね。

髪を切ることは、三次元の有害なものから自分を切り離すと同時に、祓い清めもしています。よく、失恋すると髪を切る、心機一転するため丸坊主にする、といいますが、理にかなっています。髪を切ることにより、古い生存競争から離れることを意味しているからです。

意識が変わると、一瞬でエネルギーをチャージすることができますよ。肉体は神の宮です。内なる叡智と繋がりながら、何度でも、新しい自分に出会い続けていきましょうね。高次元のエネルギーを受け取るためには、エネルギーは私たちを存在至らしめている本質そのものだと知ることです。高い低いといった表現は現象においての状態にすぎません。

ビーワン施術をしていると、パーマやヘアカラーをしているのに髪が艶々になったり、地肌が青白く輝く理想的な状態になることがあります。私がこれまで行ってきた従来の美容に比べて、髪が傷まず、肌への負担が減りました。また、長年営業をしているサロンでは室内に染みついていた薬品のきつい匂いがなくなり、快適空間へと変化した店舗もあります。一般美容室に勤めていた頃は、仕事後に鼻をかむと、ティッシュにカラー剤の色がついていることがよくありました。水美容を始めてからは、一度もありません。

安全な薬品が開発されればいいのでは、と思う方もいることでしょう。実際、安全に染まるカラー剤は研究されていて、オーガニック由来の染毛剤も流通し始めていますが、現在の科学力では、しっかり染まることと安全性のバランスには、まだまだ課題があるのが現状です。

私の美容室では、あのツンとする刺激臭がほとんどありません。子どもの頃、母の店で過ごした後に友だちと会って、「薬くさい」と言われていた頃からは、想像もつかないくらい快適な空間になり、嬉しく思っています。

薬品による負担が減ると、身体への影響も変わってきます。美容師という仕事は本当にハードなので、せめて、安全な環境下で働けるようにしないと、業界を担う後継者も育ちません。安全な製品の流通や、完全意識で薬品に影響を受けない自分づくりも必要なことです。が、今の時点では、自分の健康を脅かすとわかっているものとは、距離を取って上手に付き合える環境が必要です。

それよりも、安全な髪のお手入れを通じて自分が地球の循環の中にいると自覚することで、マザーアースと一体となり密度の濃い次元を体感することができるようになります。

26 実は自分も高次の存在

美容師としてペンションやすらぎの郷で働けることになったときのことです。住み込みということもあり、こんなにすぐに働ける場所が見つかってラッキーだ、と嬉しくなりました。このときすでに父が亡くなった後で、知花先生の説く宇宙真理について興味を持っていたため、やすらぎという場所で働けることも幸運でした。

実際に先生の講話を毎日朝晩聴いていると、

「我神なり」

ということしかお話しされません。真理に集中する機会が人生の中であったことは、貴重な体験でした。自分の体験を通して、真理を理解していくことができますが、高次元美容の施術で、よりその実感は深まることでしょう。

信じていても信じていなくても、実は私たちは神そのものなのです。宇宙法則を学ぶことで、私たちは生涯をより豊かに過ごすための選択肢を増やすことができます。

知花先生は、この世界を存在至らしめるエネルギーのことを、

「始めなき、終わりなきもの。全き愛」

と表現されていました。この「愛」というものには、終わりがないのです。

宇宙には、創造の源として無尽蔵のエネルギーが遍満しています。だから、いつでも、今即、なりたい自分になっていますし、やりたいことを実行しているのです。高次元な美容で艶々に輝く髪になったり、心身が心地好く元気になったという声が多いのは、ご自身が源に繋がるからなのです。そして、私たちの在りようや考えていることは、宇宙全体に影響を及ぼしています。つまり、美しく在ることが調和へと貢献しているのです。

また、身体ではなく心や精神面での美容という視点があります。この内面美容に意識が

向いて行動が伴うと、高次元のエネルギーが発揮されやすくなります。高次元の存在というのは、地球上で暮らす私たちのことをいつも見守っています。人を美しくするだけにとどまらず、内なる気づきが起こるよう、よりよく生きようとする人を応援しているのです。

外側の美しさと内側の美しさを統合し、本来のあなたの状態でこの三次元を生きていくことができるよう、この美容を活用してください。

高次元な美容は、私たちがいる三次元よりも精妙な次元のエネルギーが働いている美容です。私たちにとって最も身近な高次の存在といえば、自分の肉体のルーツでもある祖先です。ご先祖さまとの繋がりを大切にすることが、巡り巡って自分や家族の美容と健康にも反映されています。

お父さんとお母さんそれぞれにも同じく両親がいて、さらに遡ると……たくさんのご先祖さまがいて、今の私たちがいますね。もう肉体を脱いでいるため会えないとしても、誰かしらが、守護霊として見守ってくれています。

私の場合は、何かあるときはだいたい父と義父にお願いをします。だからでしょうか、困りごとのほとんどはすぐに解消します。私たちの生活に、積極的にご先祖さまの叡智を反映させ、こころゆたかに三次元を楽しんでいきましょう。

私たちは、お母さんのおなかで約十月十日を経て、この世に出てきます。今、このアセンションの時代に、人間として生まれたい魂がたくさんいるため、この三次元で生きているること自体、ラッキーなこととといえます。こうして、今、ここにいるのは、本当に貴重なチャンスをつかんできた結果です。

自分自身に希少価値があるだなんて、奥ゆかしい日本人にとっては、なかなか実感が持てないかもしれません。けれど、私たちひとりひとりに、役割と生きる目的があるのです。

27 自分軸で内外のバランスを取る

座禅や黙想、あるいは瞑想、マインドフルネスといった、心を静かに整える時間に、「どうしても雑念が湧く」という人がいます。おそらく、ほとんどの人がそうなのではないかと思います。

雑念を消そうとする、ということは、雑念を認めているということ。意識を、雑念や煩悩ではなく、神我に向けるのが、明想です。とはいえ、何も考えない時間を持つのは、なかなか大変です。私自身もまだまだできていません。雑念も湧きますし眠くなることもしょっちゅう。

明想に取り組んでいると、ある日、ふと見えてくる世界があります。見えないエネルギーへの感謝が湧いたり、目に映るすべてが輝いているように感じるなど、人によってさまざまです。何も感じないこともあります。

すべてが愛だとただただ内側から湧いてくる、その感覚に自分を置けるよう今も明想を続けています。

神界、霊界、幽界、物質界など、いろいろな世界がありますね。宇宙法則から見ると、神という本質に対して、神が現した現象の世界です。ということは、天使だとか八百万の神々といった方をはじめとする、高次元の存在たちも、宇宙の本質に則り存在しています。私たちはそもそも、宇宙の中心から出てきた仲間同士なのです。

今地球にいる私たちは、この三次元で類稀なるチャンスを手にしたラッキーな存在ですし、天使たちは私たちをサポートし導く役割を持った貴重な存在です。お互い違いはあっても、根源は同じです。

だから、見えない世界に中途半端に傾倒して振り回されなくていいのです。喜ぶことや楽しむことが自分を生きること。そんな自分軸の調和に目覚めた私のエピソードをご紹介します。

やすらぎの郷で働いていた頃、重度の手荒れでいつも手が痒く、掻きむしっていました。朝の講話中でも掻いていると、上江洲先生がヒーリングをしてくれたことがあります。


私の手荒れを見るたび上江洲先生が必ず話してくれるのが、

「私はその液体（美容室で施術に使用する薬剤）に首まで浸かっても影響を受けないよ」

ということ。そのときに、手荒れの原因となるパーマ液の影響を受けない自分づくりをしたい。しよう！　と決めたのです。


また、私が膝を怪我して完治した後、そのことを伝えたときには、

「ジャンプしただけで大怪我したの？　私は毎日のように学校の2階から飛び降りたけれど何ともなかった」

と、桁違いのスケールで意識の持ち方を教えてくださいます。

先生ご自身が実践なさっていることなので、納得です。ネガティブな思考に囚われることなく自在に生きる道がある、と知ると、選択肢が広がりますね。実践し続けることは、

今も課題ですから、この本を読んでくださっているあなたとも一緒に深めていけたらと思います。

また、そのときの膝の怪我で、大きな手術を受けました。一度の怪我で結果的に三度も全身麻酔をしてもらうという、大きな負担を身体にかけてしまった体験です。麻酔で意識がなくなることに恐怖を感じているそのさなか、ある夢を見ました。

それはデジャブで、お水の神さまが私の手術を見守ってくれていたのです。手術中に、仲間とどこかに訪れる夢を見ていました。

水美容の製品工場を訪ねたときにそれが現実となりました。ビーワンの工場内を見学中のことです。ボトリングして製品となったお水が保管されている部屋に入ろうとしたときに、デジャブと重なりました。澄んだ女性の声で、

2022年６月山梨セミナーにて上江洲先生と

「見てたんだよ」

とメッセージが聴こえました。

後日、ビーワン開発者の佐藤日出夫先生に
「神さまは私たちのところにも来ることはありますか」

と尋ねたら、

「あるだろうね」

と。やっぱりそうでした。美容とか健康を扱いながらも、結局私たちは仲間やお客さまと一緒に自分の心を磨いていくことが大事。外面美容と内面美容が統合していくための役割を持った美容室なのです。


例えば、劇薬と同じ強い作用の薬剤を使ってお客さまの施術をすること。お客さまを教育するという名目のもと本質美から遠のいたケミカル製品をたくさん使

デジャブで見た場所
ここにいる神さまが手術のときに励ましに来てくださっていました

ったり販売したりすること。おしゃれの基準を、お客様ひとりひとりの美しさに寄り添うことから流行や業界特有の価値観に誘導してしまっていること。過酷な労働環境なこと、など。これらひとつひとつについて、あなたがもし一度でも疑問を感じたことのある美容師やエステティシャンなら、自分なりの哲学を再確認してみてください。

外面だけを整えても、心が満足しないのは、生命が喜んでいないから。明想という内面へのアプローチと、行動の両輪で、自分自身を統合していきましょう。

28 細胞を愛で満たすヒーリング

やすらぎの郷で働いていた頃に、一度だけ知花敏彦先生のヒーリングを受ける機会がありました。

私が働き始めた当時、先生はすでに現象の話はほとんどされていませんでした。本質についてだけに絞って、例え話を交えたりしながら、宇宙法則を説いておられました。

「肉体は霊の操り人形」といい、

「肉体が生きていると思い込んでいるけれど違うんだよ」

とお話しされています。

ある日の講話中、先生に呼ばれて前へ出ました。先生に背中を向けて立ち、先生が念を送ります。すると、身動きがとれなくなり、先生の立っているところまで吸い寄せられるように、引き付けられて倒れそうになってしまいました。

金縛りとも違う、自分の意思とは裏腹に身体が動かないのです。これは自我意識でいるとどうなるか、神我意識に目覚めるとどうなるかを表している、ひとつの例えとして見せられた、と解釈をしています。

先生のヒーリングを受けて愛で満たされ、喜びの涙を流す方もいました。身体の細胞に愛を送ると癒やしが起きるのです。

私たちはそういった体験を重ねて霊的成長への探究を続けています。それは急に何かが劇的に変わる、というセンセーショナルな体験だとは限りません。真理に至ることは、玉ねぎの薄皮を一枚ずつ剝いでいくようなものですから、日々の積み重ねで今日に至っています。全部剝いても最後には何も残りませんよね。これが現象で、剝いたという行動だけが自分に残ります。

宇宙法則を学んで、「我、神なり」と口にするようになりましたが、「私が神さまですよ」というのは、畏れ多いような気がしてしまいます。

それでも、

「私自身の本質は宇宙エネルギーそのもの」

とセルフイメージを新たに書き込み続けています。エネルギー的視座に近づけるよう、自分から働きかけていくと、自己愛も育ちます。

宇宙エネルギーを「私」とすることで、自分で自分を癒やすこともできるようになります。セルフヒーリングといって、お金もかからずいつでもできますので、ぜひ覚えてほしい手法です。

私たちの身体には電気の流れがあります。身体を上下に分けると上がプラス、下がマイナス。左右にすると右がプラス、左がマイナスです。

どこか不調を感じるところに右の手のひらを当てます。プラスエネルギーは放射ですから、その場所にエネルギーを送るイメージをすると、調整されます。

不調が起こるのは流れが滞っているということですから、動きをもたらしましょう。

お母さんがおなかをさすってくれたら治った、というお手当ても同じことです。誰にでも何にでも応用可能です。自分自身でメンテナンスできるようになるとラクですから、自分と家族の基本的なメンテナンスに、セルフヒーリングを使いこなしてください。細胞を愛で満たすエネルギーは目に見えないものですが、さすったり手を添えてあげるだけでも、安心感が得られます。

手というパーツは、普段から自分の髪をお手入れするときにも使いますね。慈しみを持って自分の髪に触れると、手から出るエネルギーがより一層髪をきれいにしてくれるようになります。自己愛はつや髪と調和を育てます。

29 振り返りを習慣にしてリセット＆スタートを

外面美容と内面美容を統合するために効果的な方法として、振り返り習慣があります。「もっときれいな髪になりたい」と目標を持つとき、紙に書き出したり周りに宣言すると、行動しやすくなります。ただ、忙しいとついつい後回しになってしまうもの。書き出した目標や、やりたいことをチェックする時間を振り返り習慣として持つことをおすすめします。箇条書きにして、クリアしたらチェックしていきます。どんな準備にも使える万能な方法ですので、うまく活用して充実感を味わってください。

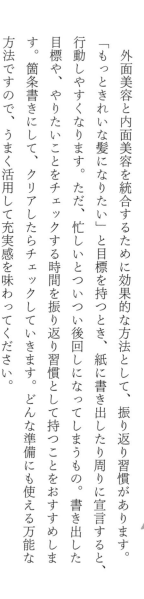

日常では、自分や家族の行事に合わせ、日々やりたいことを書き出します。仕事もここまではやっておきたいという期限があれば記しておきます。

今日中にできなかったものをよく見て、翌日持ち越しにするか、やらなくてもいいものかを見極めてリセットし、一日を気持ち良く終えましょう。

例

□掃除、洗濯、家事
□買い物、銀行へ行く
□ストレッチをする
□取引先に連絡をする
□顧客、生徒へのフォローアップをする
□SNSの更新
□ブログを書く
□頭皮クレンジングをする
□お肌のパックをする
□夜10時には就寝する

やることをすべて書き出すと膨大な量になってかえって時間がかかってしまいますから、

「今日はこれをやりたい！」という優先順位の高いものを書き出すことがポイントです。取り掛かれなかった項目が出てきても、初めはジャッジをせず持ち越しにします。数日持ち越しているものが出てくるときも、落ち込んだり焦る必要はありません。自分にとって大切にしたいものはこれなんだな、と、自分を知る機会にしましょう。

続けていれば、自分の心地好さの規準がわかり、心にゆとりができます。自然と志向が利他的になり、好循環なライフサイクルのスタート地点に立つようになります。マザーアースとの繋がりを感じることや、地球環境へ思いを馳せることができる想像力と、心の豊かさを育てましょうね。

この習慣は、結婚式など、晴れの日を迎える前の準備にも応用できます。多忙な方や、近くなってから慌てるタイプの方には特におすすめです。

例えば、２か月後に大切な食事会があるとします。今から取り組めば60日ありますから、1日にひとつ、何か行動すれば、60回分も準備をしたということですから、自信がつきませんか？　準備万端ですと、当日を迎えることがさらに楽しみになります。

チェックリストの例

服装

□和装か洋装か

□手持ちのものなら状態やサイズを確認。必要に応じてお直し

□和装なら着付けをどこでするか、予約

□お天気による対策

ヘアスタイル

□自分でセットするかどうか。美容室へ頼むなら予約を入れる

□髪のダメージの有無、見られることに自信が持てなければ美容室で相談する

□当日のヘアスタイルが決まりやすいよう事前にカットやトリートメントをする

メイク
□お肌（※）の状態を整えておく
※女性のお肌のターンオーバーは30代40日、40代55日、50代75日、60代１００日を目安に。
□当日使う化粧品のパッチテストをしておく
□馴染みのない化粧品やエステは直前に行わずに充分ゆとりを持って肌に合うかを確認してお手入れする
□服装に合ったメイクの色合いを確認しておく

場所、その他
□集まる場所が決まったら、到着までに必要なおおよその時間を把握して当日のタイムスケジュールを組む
□ヴィーガンや自然食あるいは食事の制限がある人がいる場合にできる対応策はあるか確認しておく
□会の目的に合わせて、用意しておきたいことやものがあるか書き出す

冠婚葬祭といった晴れの日の支度で美容室を利用する場合、わからないことがあればひと通り美容室の人に質問してみてください。

特に、実家から離れた場所で暮らしている場合だと、地域によってしきたりが全く違うこともあります。地域に根差している美容室に、これまでの事例を尋ねるなど、よく相談しておくと安心です。

30 もっときれいな自分に出会うために

高次元な美容とは、誰かから受ける施術や機材商材でその場だけをどうにかすることではありません。美しくありたいという願いを自分で叶えることです。そのために必要なのは自分自身の根本から美を整え、綺麗になる！　と決めることです。

「きれいでいたい」という願いを素直に認められることは、自分を知っているということ。自己理解は内面を愛で満たします。

一日の内に自分に手をかけられるのが、少ない時間であっても、お手入れをコツコツと毎日続けることで、髪とお肌に違いが出ます。

5年後10年後の自分が楽しみになるために、次のことも参考にしてください。

□人と比べない

□自分の髪とお肌のいいところを最低ひとつは自分で見つけて褒める

□髪とお肌がきれいになったらどんなことが嬉しいかをことばにする
□流行の美容法や価値観を分析してみる
□美容に関する知識が全部思い込みだとしたら、本当になりたい姿ってどんな感じ？　かを考える
□今手元にあるヘアケア剤や基礎化粧品をたっぷり使って１回で結果を出してみる
□ヘアケア、スキンケアは学んでも次第に我流になってしまいがち。時々はプロを頼ってしっかり確認する

お客さまの髪やお肌に日々触れていると、こうしたらより潤う、整う、と、言語化する間もなく、まさに手に取るようにわかるときがあります。髪や肌が求めているものを届けてあげることで、美髪と美肌は簡単に手に入ります。どんな成分も、潤いで満たされていることでより届きやすくなるので、良質な水分での保湿は必須です。水は記憶の媒体だからです。

お客さまとの会話から感じることがあるのが、美しさの範囲を狭く限定してしまってい

る女性がたくさんいることです。髪の毛は白髪ではいけない、と強く思い込んでいる女性が多いことを悲しいと感じます。「何が何でも染めなくては」と決めてしまうのは、もったいない考え方です。

その半面、カラー剤が肌にしみたり、頻繁に染めることに抵抗を感じる女性が増えているのも事実です。頭皮環境の心配もありますから、発想を変えて新しい提案をしています。

美容の軸を、自分自身の心地好さに合わせてみるのはいかがでしょうか。

ここ数年の社会状況から、白髪染めをやめたお客さまがいらっしゃいます。カットやヘッドスパなど、その時々でヘアスタイルを楽しまれています。今では、染めていた部分はなくなり、うっとりするようなプラチナヘアになりました。保水ケアの賜物だ、と、喜ばれています。

また、美容室という場は、普段のヘアスタイルを整える施術の他にも、さまざまな美容を提供しています。晴れの日や冠婚葬祭での支度、美顔やまつ毛パーマも含まれます。更にはネイルやブライダルエステ、ボディトリートメント、と、多岐に渡って美容が進化していますので、日常の中で美を磨く選択肢がたくさんあります。

髪を切ること以外のヘアケアを取り入れると、さらに髪がきれいになって、気持ちが上がり、幸福度も高まります。自宅で簡単にできるのは、頭皮クレンジングという、シャンプー前の保水ケアです。専用のローションをしっかり地肌に塗布することで、毛穴の汚れを落としやすくします。第5章31でシャンプー方法とともにご紹介します。

第4章　実践ポイントまとめ

✦今できていることを書き出して、自分で自分を褒めよう

✦自分に最高点数をつけてあげよう

✦見えないバイブレーションで世界中に貢献できる私になろう

✦高次元な美容でより豊かに自己表現できる方法を見つけよう

✦髪をきれいにすることは命を養う神事

✦自己愛を育てて、命がいきいきする地球を創造しよう

✦外面美容と内面美容を統合して調和した美しさを

✦高次元な美容で自分がエネルギーそのものと実感しよう

第5章

【霊性を磨き自分も地球もきれいになる！】
マザーアースと繋がる高次元な美容メソッド

31 艶やかな髪を育てるシャンプー

頭はエネルギーの入り口です。

頭には、脳という大切な器官が納められています。ヘアケアというと、髪の毛に意識が向きますが、地肌や脳を守ることも含まれます。身体を守りながら、毎日の習慣でつやのある健康な髪を育てましょう。

石油由来のシャンプーは分子量が小さく、皮膚から体内に入り、ホルモンに似た作用を起こすおそれがあることを知っていますか。産業革命以降、化学が発達し、シャンプーやボディーソープなどにも石油由来で作られたものが流通するようになりました。

安価でいろいろな香りづけがされており、手軽さが喜ばれていましたが、手荒れしてしまったり、廃水が浄化されにくいため環境負荷が高いのです。また、環境ホルモンは脂肪にたまりやすく身体の中でも脂肪が多いところに病気が出やすくなった、といわれています。

「全体性」という考え方に欠けた状態で、産業が発達した昭和の頃。川が一面泡だらけになったり、健康被害などが報告されるようになりました。

令和になった現代では「香害《こうがい》」という新たな社会問題も出現し、人工香料で不調をきたす人を守ろうという動きが生まれていますね。

「全体性」とは、人間社会だけでなく、自然環境を含めた地球という惑星まるごとの視点を持つ考え方です。人と自然＝地球環境を一体として自然が喜ぶことを新たな基準に加え、害のないものを選びましょう。

ここで私の美容室で行っているシャンプーの基本的な方法をご紹介します。健康な髪を育てるためには、地肌ケアを含めてお手入れをします。アンチエイジングにもなるメソッドです。

①　地肌をブラッシングして、ホコリを落とし、皮脂汚れを浮きやすくします。
②『ビーワンオールインローション』を使って毛穴のクレンジングをします。このローションを頭皮につけて、普段のシャンプーでは落としきれない「汚れ」を落とす準備をします。私の場合は、頭のてっぺんから身体全体にしみこんで、光となって満たすイメージを持つようにしています。
③　シャンプーは原液で使わず泡ポンプを使って泡を地肌にのせます。私は『ビーワンバランス』と『美ら女髪シャンプー』を割って使用しています。
④　地肌をマッサージします。頭皮を大きくつまむようにして毛穴から汚れが出てくるのを手伝ってあげるイメージ。シャカシャカと地肌をこするときは爪を立てずに指の腹を使います。
⑤　ぬるめのお湯でしっかりすすぎます。湯温が高いとトラブルの原因になることもあるのでご注意を。
⑥　タオルドライした後、『ビーワングレース』を地肌にたっぷり吹きかけて櫛でとかします。

⑦　ドライヤーで乾かしてセットしたら完了です。

おうちでのやり方も同じです。

私たちが髪を洗うことと地球環境は、水の循環で繋がっています。海洋汚染の原因に、美容室を含め、家庭からの生活雑排水の影響があるのです。

どうすることもできない、私には関係ない、と思いたくなりますね。諦めていた方も今まで知らなかった方も、大丈夫です。私たちがちょっと工夫をすることで排水浄化を促すことができますよ。

私の美容室では、開店当初から、人の肌にも使える生体融合型の光触媒入りのシャンプーを使っています。

光触媒は有機物を分解する働きがあります。また、環境汚染物質を分解する環境浄化材料としても、研究開発がなされています。中でも、私が扱う光触媒トリニティーゼットは生体融合型。ヘアケアに使うことで、髪と共に自然環境を整え再生に向かうライフスタイルを実践できるのでは、と期待されています。サスティナブルからさらに一歩踏み込んだ、地球環境再生を促すシャンプーを、提案しています。

私の美容室で使っているシャンプーは、海の珊瑚がデザインされたパッケージの「美ら女髪（ちゅらめがみ）」というシリーズです。メーカーが、収益の一部を珊瑚保全団体に寄付する仕組みになっています。

2022年、閉校になった地元小学校の体育館を借りて映画上映のイベントをしました。オーストラリア・日本・中国共同制作の映画『セーブ・ザ・リーフ～行動する時～』（※）を上映してからは、家族で映画を観たお客さまが
「海を汚さないシャンプーをください」
「珊瑚のシャンプーください」
と、使い始める方がさらに増えています。

できることからひとつずつ、環境負荷の少ない方法で髪のお手入れをしていけば、環境問題は私たちの手で改善することができます。

※映画『セーブ・ザ・リーフ～行動する時～』（島崎誉主也監督）２０２０年12月公開

32 安全なシャンプーとアフターケアで健康な地肌を

一般的に流通しているシャンプーと美容室で買うシャンプーを比べると、まず何より価格の差が気になりませんか。その違いは、製造するにあたって使用する素材の違いです。流通しているシャンプーには大まかにアミノ酸系、石油系、石けん系の3種類があります。

アミノ酸系シャンプーが髪にいい理由に、髪の成分に近いことがあります。石油原料のシャンプーですと、成分によってはタンパク変性を起こしてしまいます。どういうことかというと、髪が硬くなったりごわついてしまい、手触りの悪さやダメージとなります。

髪の毛というのは一度傷んでしまうと元に戻らないといわれています。髪の内部に外から別のたんぱく質や油分を補うのがヘアトリートメントです。ボロボロ、スカスカになってしまった髪につけると手触りも良くなりますが、髪の毛自体が髪内部の成分や水分を保持し続ける力をすでに失っているので、何度もトリートメントをする必要が出てきます。

化学物質が入っている薬剤を使ってパーマやカラーリングをすることやトリートメントをするといったケミカルな美容は、身体と排水に負荷を残します。負荷のある薬剤の使用は必要最低限に抑え、ケミカルの力はここぞというときに使うことで、最大限に働いてくれます。そのためにも普段はシャンプーで毛穴ケアと保水を心がけて、内側も外側も健やかな髪を育てます。

健康な髪の水分量はおよそ11〜14パーセントあり、髪が乾いた状態では、キューティクルが閉じます。タンパク変性した髪では水分量が7〜9パーセントになってもキューティクルは閉じきらず、鱗が逆立ったような状態で、さらに傷みやすくなっています。キューティクルは濡れと乾燥で開いたり閉じたりするので、毎日のヘアケア次第でダメージを与えにくいお手入れができます。

アミノ酸系シャンプーには、天然由来成分が使われているものがあり、環境負荷を減らすことにも大いに役立ちます。

シャンプーは毎日するのが正しいのか、といった質問をお客さまから受けることがあります。ライフスタイルにもよるので、毎日シャンプーをしなくていけない、と決めつける必要はありません。健やかな髪と頭皮を育てるという観点から、頭皮を乾燥から守る保水ケアは毎日することが理想です。しかしシャンプーで洗うこと自体については、2日ごとや3日ごとという方もいますし、環境活動家でお風呂は週に1回という人もいます。

シャンプーしないと毛穴が詰まって薄毛になる、と心配される方もいます。使っているシャンプーの素材や健康状態、ストレスがあるのかどうかによっても地肌のコンディションは変わりますから、シャンプーは、良質なものを選ぶのがベストです。

髪の主成分であるケラチンタンパクは18種類のアミノ酸から構成されています。そのためアミノ酸系シャンプーを使うことで外側からアミノ酸を摂ることができるのです。

ただやはり、男性ホルモンの影響で、頭皮の毛穴が詰まりやすくなります。詰まった上にさらに皮脂が分泌されたものが重なってしまうことで、伸びてくるはずの髪の赤ちゃんが成長しにくくなることがあります。この、過酸化皮質となった頭皮に古い皮脂が張り付いている状態を頭皮のフィルム化と呼んでいます。

この毛穴の汚れをしっかり落とすことで、健康な髪の毛が生えてきやすい環境づくりをしています。

毛穴汚れとは、古い皮脂やホコリ、残留したシャンプー・リンスなど。これらを毛穴クレンジングの後にシャンプーして洗い流すと、頭皮をすこやかに保ちます。このスッキリ感が爽快で、お化粧を落とした後のお肌の解放感にも似ているため、クレンジングシャンプーと呼んでいます。

シャンプー後なのに頭皮が痒くなったりかさつくときは、皮膚が乾燥しているのかもしれません。洗顔後はすぐに化粧水でお肌を整えるように、シャンプー後の地肌にはスプレータイプの保水ケアをすると、健康な髪が生えやすいのではないか、と考えています。では、油分の補給はどうかというと、健康な髪と頭皮でしたら基本的には外からはしません。自分の皮脂が出てきたらしっかりブラッシングして油分を毛先までのばしてつやを出します。毛穴汚れをしっかり落とした後は、保水ケアを頭皮にして、毛穴が詰まりにくい習慣をつけましょう。

33 美髪を育む習慣をつくる

「健全な精神は健全な肉体に宿る」ということばを聞いたことはありますか。健康な髪の毛も、健康的な生活により作られます。

美しい髪を育てることは、一朝一夕にはかないません。しかし、ほんの少し工夫をするだけで、美髪は簡単に手に入ります。例えば頭が丸い形をしていることや、髪の毛が一本一本の線が集まっていることを意識すると、髪を触るときの手の当て方が自然と柔らかくなり、その結果、髪を傷めない触れ方ができるようになるのです。

きれいな髪を育てるための髪との付き合い方をいくつかご紹介します。

✦濡れているときはダメージを受けやすいので無理に引っ張らない

✦とかすときは毛先からとかし始める

✦シャンプーの前に、地肌をブラッシングすると汚れが落ちやすくなる
✦濡れた髪をタオルで拭くときはゴシゴシこすると髪が傷むので、こすらずにタオルに水分を吸わせる
✦シャンプー後の頭皮は乾燥状態なので頭皮用化粧水で保湿する
✦頭皮と髪は畑の土と植物の成り立ちと似ている。土壌を大切に育てよう
✦睡眠の質と量は髪の健康にも影響する

つや髪になるためのヘアケアを始めるときには、今の髪の状態を写真に収めて後で見返すことができるようにしておくことで、違いを客観的に見られます。全体、髪の生え際、後ろの様子を撮っておくといいですよ。

写真撮影をしておいて、定期的にチェックしながら経過観察します。

34 ダメージを引き起こすタンパク変性

髪の毛はアンテナでもあり、身体の内部を表すバロメーターでもあります。いきいきとした髪は、その人自身が健康であることを示し、見る人に好印象を与えます。健康な髪というのは、ダメージがなく頭皮から潤っていてつやのある状態です。つやのないダメージ毛になってしまうのには、原因があります。

髪の毛にはキューティクルといううろこ状の層が一番外側にあり、きれいに重なっている状態だとつややかに見えます。この重なりは元々頑丈なもので、例えばヘアアイロンで形をつけても水に濡らすと素の髪の状態に戻ります。

髪の毛はタンパク質成分がおよそ90パーセントあり、それが熱や薬品処理の影響を受け、タンパク変性という構造変化を引き起こすことがあります。これがダメージの原因となることもありますから、最小限に抑えるためには上手に付き合っていくことが必要です。タンパク変性が起こる原因を３つご紹介します。

1 熱によるタンパク変性

熱変性は、ドライヤーのかけすぎやヘアアイロンを高温で何度も同じ個所にあてることで引き起こされます。ドライヤーは頭髪から少し離してあて、九割乾いたらいったん全体の乾き具合を確認します。アイロンは、根元と毛先で温度を変えたり、髪質に応じて温度を決めましょう。

✦カールアイロンの温度設定
根元は１４０℃前後
毛先は１２０℃前後　ダメージ毛は１２０℃以下で
前髪は１３０℃前後

✦ストレートアイロンの温度設定
根元は１５０℃前後
毛先は１２０～１４０℃前後　ダメージがあるなら１３０℃以下で

前髪は140℃前後

健康な髪なら180℃でも大丈夫なのですが、熱によるタンパク変性を起こしやすくなるため、手早くアイロンするか少し温度を下げて、熱ダメージを与えないようにしましょう。

私の美容室では、ヘアーリフォーマーハイブリッドスフィーダとエアーアイロンを使っています。ヘアーリフォーマーとは、パーマやカラーリング施術で頭皮や髪の水分補給を図り、液剤の効率的な浸透と定着を促す機器です。また、頭皮や髪への浸透を促し、ダメージヘアのケアには優れた効果を発揮しますので、ヘアトリートメントにも最適です。これを専用のアイロンと併用することで活性化した空気で急冷し、つやつやの髪になります。

2 薬品によるタンパク変性

薬品による変性は、カラー剤やパーマ液などによって起こります。

ヘアカラーはキューティクルから内部に浸透し、化学反応が起きて染まります。アルカリ成分が髪を膨潤させ、酸化染料と過酸化水素が髪の中に浸透します。過酸化水素は、メラニンを脱色しながら浸透した染料を酸化し、結合が起こることで発色します。

このとき、時間を置きすぎたり引っ張るなど負荷をかけると、髪はボロボロに傷んでしまいます。アルカリにさらされる負荷によりタンパク変性が引き起こされるからです。

毛髪を作るケラチンタンパクは、アミノ酸が繋がったポリペプチドからできています。ポリペプチド同士を繋げる結合が4種類あります。

①水素結合
②塩結合（イオン結合）
③シスチン結合（S－S結合）
④ペプチド結合

パーマは、この4種類の中の1～3の結合を切断し再結合することでかかります。切断するためには還元という化学反応を髪に起こし、再結合するには酸化をさせます。この作用を起こすパーマ液は非常に強力な半面、毒性が高く危険です。ロッドを巻く時間を含めると、髪にとっては還元の状態が長時間となり、アルカリダメージを起こします。

3　界面活性剤によるタンパク変性

シャンプーやリンスにも、タンパク変性を起こしてしまう成分が入っていることがありますから、購入の際は表示をよく確かめて選ぶことをおすすめします。

石油由来のラウリル硫酸ナトリウム（刺激が強く、肌の奥にまで浸透する性質があるため、肌トラブルを起こすことがある）、リンスやコンディショナーに含まれるカチオン系界面活性剤（消毒作用がある。髪についたままなので肌に触れた部分に吹き出物ができることがある）など、避けることで髪への影響を減らすことができます。

ダメージヘアは、自然な状態とは対極にあることがわかりますね。

35 経皮吸収を危険から安心へと変える

多くの美容師が手荒れを体験し、職業病ともいわれています。

経皮吸収ということばをご存知でしょうか。皮膚から吸収するという身体の働きです。皮膚は表皮、真皮、皮下組織という3つの層からできており、皮下組織の内側には筋肉があります。外部物質のほとんどは分子量が大きいため、表皮の奥に入ることはありません。

製品に含まれる乳化剤や保湿剤といった合成界面活性剤が肌に良くないといわれるのはお肌のバリアゾーンを破壊してしまうため。

分子量が小さいものはお肌に入るという性質を活かして、有効成分を取り入れ、身体に悪いものは取り込まない工夫が必要です。

〈肌構造〉

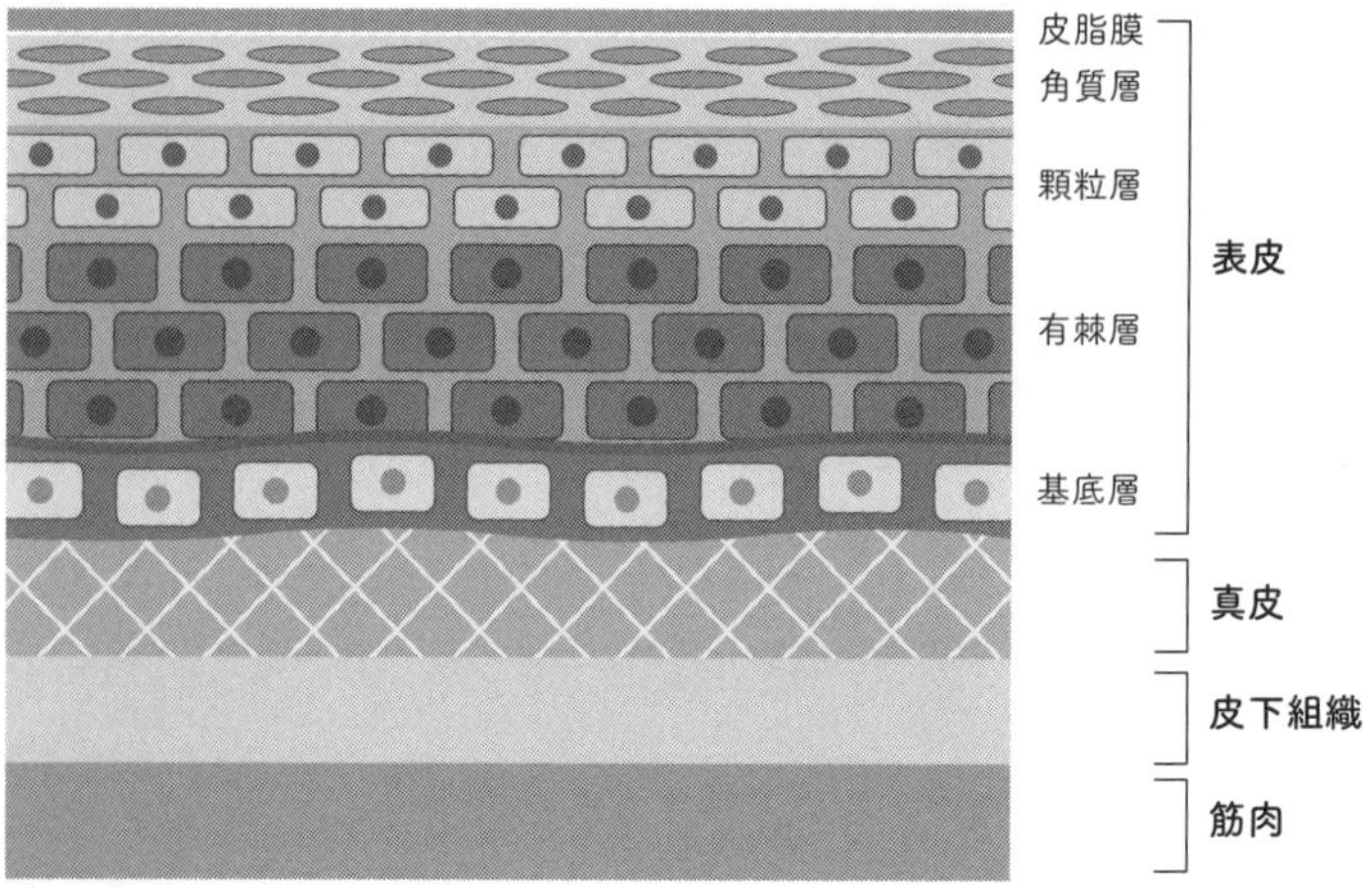
皮脂膜
角質層
顆粒層
有棘層
基底層
表皮
真皮
皮下組織
筋肉

〈経皮吸収〉

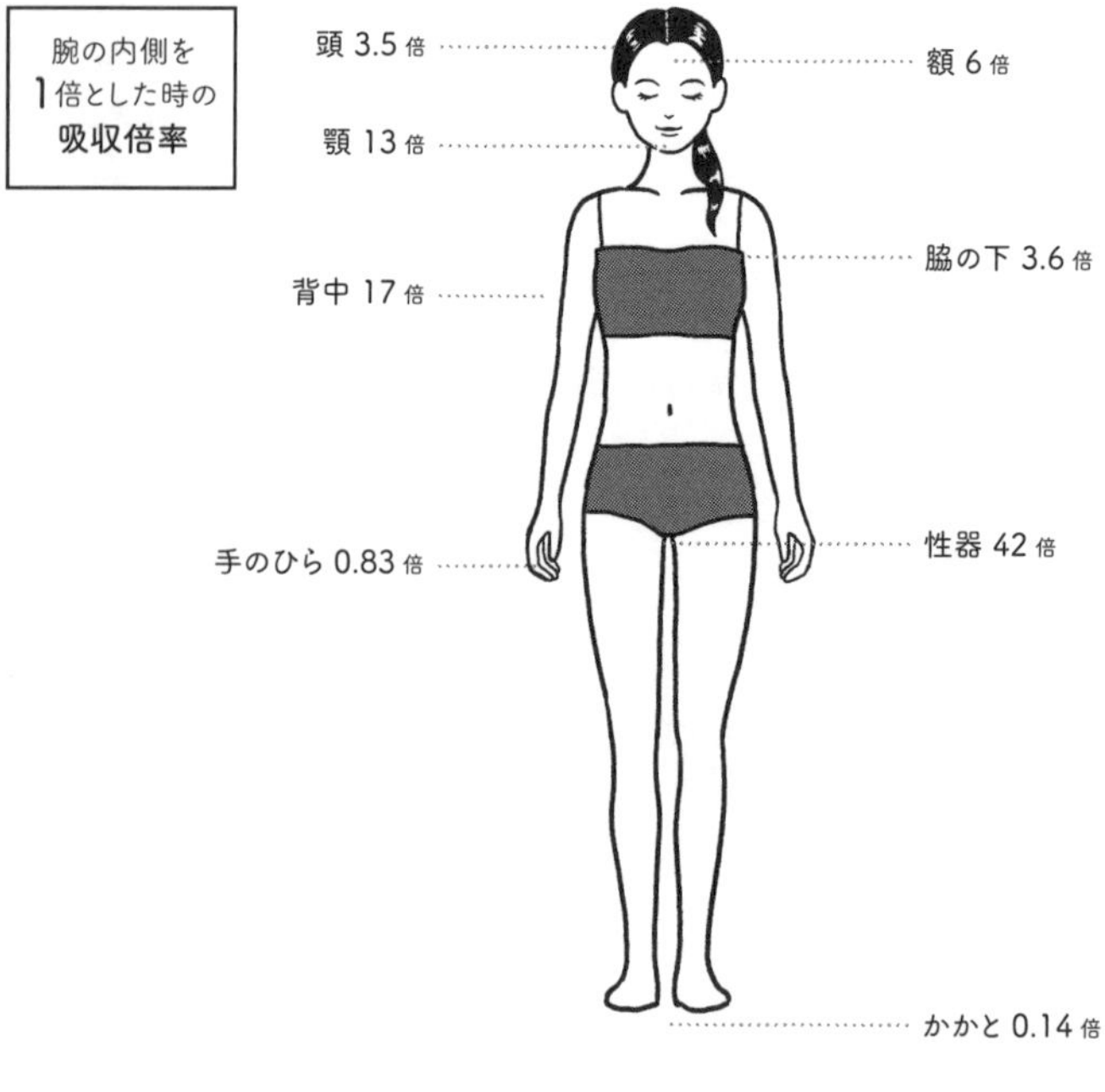
腕の内側を
1倍とした時の
吸収倍率
頭 3.5 倍
額 6 倍
顎 13 倍
脇の下 3.6 倍
背中 17 倍
手のひら 0.83 倍
性器 42 倍
かかと 0.14 倍

これまで女性たちの髪とお肌に向き合った結果、日本人に合うのはお水ベースのヘアケア、スキンケアなのではないか、と感じています。油分や美容成分がお肌で活躍するためには、水分がしっかりと潤っていることが必要不可欠です。

私が日頃美容室で行う頭皮洗浄も、天然水がベースです。一般的なヘッドスパのようにクリームやオイルを使わないので洗い流す必要がありません。そのため、環境負荷が少ないといえます。潤った肌に頭皮用美容液や育毛剤などを使うと、ブースターとして美容成分の吸収がスムーズです。

古来より「瑞穂の国」といわれてきた私たちの国は、世界的にみても水に恵まれています。私たちが日々の暮らしの中で、使うものに気を配り、排水を汚さない工夫をするだけで、地球環境に与える影響は変わってくる、と、希望が持てませんか？

この「頭皮洗浄」は、一般の方が機材を購入し、おうちでできるようにする方もいるほど、簡単にできる頭皮と髪のお手入れ方法です。

1畳分ほどのスペースとコンセントがあれば循環器とエステベッドを設置できます。国の衛生基準を満たしている美容室ほどの作業はできませんが、おうちサロンをしている施術者にも好評なんですよ。

美容室ではパーマ液やカラー剤などを使うと副作用として肌荒れをしたり、かぶれる、廃水による環境負荷があるなど、デメリットもあります。

これまでの美容は、そのデメリットの部分にスポットライトを当てずに経済が成り立ってきた側面があります。これからは、経済面とのバランスを取りながら、美容業界も環境問題をしっかり考えていく必要がありますね。地球環境は今、気候変動など急速に変化していますので、人間の心も地球と共存する方向へと全体でシフトしていけたらいいなと思います。

折しも、ここ数年はＳＤＧｓという脱炭素社会の実現に向けて、世界が動き始めています。

まずは自分の使っている日用品がどんなものか、成分表を確認してみてください。きれいになるためには有効成分が気になるところですが、その前に危険な成分が入っていないかを確認し安全なものを選ぶところから始めましょう。

36 洗って繰り返し使う布ナプキン

女性が自己承認を実践しやすくなる手段のひとつとして、布ナプキンを紹介しています。毎月訪れる女性の日に布ナプキンを使い、自分で洗濯することは、自分の状態を直接知るのに役立ちます。

布ナプキンを洗って繰り返し使うことは面倒だ、と、多くの女性が口にします。しかし、刷り込まれた価値観によってケミカルなものを使い捨てて生理期間を過ごすよりも、身体への負担を減らすことのできる方法なのです。

女性の生理期間は、命や自分の身体に喜びを感じる生き方にシフトできる日です。自分の身体と地球を労わりながら過ごせる布ナプキン。布ナプキンは綿などの天然素材で自作し、洗濯して何度でも繰り返し使います。ケミカルの使い捨てナプキンとの違いは、使い心地のよさや肌に負担をかけない、体調管理に役立つ、などがあります。

一般的な使い捨てのナプキンというのは、石油由来の素材でできているケミカルナプキンのことをいいます。吸水性ポリマーという高分子吸収体が使われているものも含みます。石油由来成分の使用を避けたり、肌にあたる部分は綿１００パーセントの「紙ナプキン」もあります。

人の身体には経皮吸収といって、分子量の細かいものを皮膚から吸収するという性質があります。その働きがネガティブに現象化したものが肌荒れやかぶれとなります。お肌にいいものを吸わせてあげる、というポジティブな転換が、布ナプキンで可能になりました。

小学校や中学校のときに生理について学びますが、この使い捨てナプキンの使い方くらいしか伝えられず、他の方法を教えられていない人がほとんどです。使い捨てナプキンを使用すると「汚物」と呼ぶゴミに変わります。何の疑問も持たずにそう教えられた私たちは、いつの間にか生理を辛いもの、煩《わずら》わしいものと捉えるようにさえなってしまいました。

生理は命を育むための身体の営みですし、経血は自然に還せば植物たちの栄養になります。地球というひとつの場で循環していれば、ゴミではなくなります。

とはいえ、自然の理にかなった生理期間を過ごしたい、と願っても、実現できない女性が多いのではないでしょうか。女性の社会進出も進んできました。これからは、よりバランスの取れた在り方を探していくことが、女性の深い幸せとなり、ゆくゆくは家庭や社会に明かりをもたらすでしょう。

私は布ナプキンを自作して使用しています。お客さまからリクエストがあり、草木染めしたネル布地で製作と販売をするようになりました。生体融合型の光触媒が出てからは、(腕の内側を1倍とした時) 経皮吸収42倍の体の部位（168P図参照）に、よりいいものを触れさせてあげたい、と、光触媒加工をしています。

布ナプキンの利点は、ゴミが出ないこと、自分の身体のコンディションに敏感になること、生理期間が短期間で終わること、ケミカルナプキンによる弊害がないこと、など、いいことがたくさん。心にゆとりがないとできない、という女性も多いのですが、その分、自分に手をかけたという実感がある、と喜びの声も寄せられています。

生理の血液って何色かご存知ですか？　とても鮮やかな赤なのです。ケミカルナプキンだと、ポリマーが経血と反応して赤黒い色味になるので、布ナプキンを使い出して初めて自分の血の色を知った、という方も。

自分自身を見つめるツールとしても、布ナプキンはおすすめです。作り方、使い方と、布ナプキンがないときに身体を守る過ごし方を次のページでご紹介します。

繰り返し洗って使える布製ナプキン

エコロジーな美容室で働き始めたことをきっかけに、布製ナプキンの存在を知りました。安曇野の助産師さんから教えてもらい、自作して使うようになって、それまでのトラブルに煩わされることが減りました。自然なお産のお手伝いをしているというその助産師さんは、ナプキンをほとんど汚すことがないといいます。「?·?·」。そのときに初めて知ったのですが、女性は自身の月経排出をコントロールする力が備わっているのだそうです。

市販の生理用ナプキン・タンポンで、デリケートな部分に不快な経験をしたことはありませんか。使い捨て生理用品の多くは、製品の一部分に塩素漂白がされており、燃やせばCO_2やダイオキシンが発生します。また、私たちの大切な部分から体内に取り込まれる恐れがあります。（タンポンは他にも中毒ショック症との関連性が懸念されています）

布製のナプキンでしたら、痛み、痒み、むれ、匂いなどを気にすることが減りますし、女性の大切な期間を気持ちよく過ごすことができ、何年も使えるのでとても経済的です。製作時に、地球環境浄化をテーマとする光触媒トリニティーの加工を施すことで、より使い心地が好くなり、お洗濯の楽しみが増えたと好評です。

このナプキンは、とても簡単に作ることができます。自らの手で作り使うことによって、より多くの女性が自分の生理＝血をさらに深く受け入れ、向き合い、自分を知るきっかけになれば幸いです。身体に負担をかけないこのナプキンで、快適に、より自分らしく過ごせる女性が増えますように。

ナプキンの使い方

使う前に一度洗って、日に干してから使いましょう。

✦経血の量に合った厚みのナプキンを用意します。

✦ナプキンの前か後ろを安全ピンで留めるとずれません。（ホルダーを手作りすることもできます）
✦使用後はしばらく水（ぬるま湯、光触媒トリニティー希釈液など）につけおきしてから、肌にも環境にもやさしい洗浄剤や石けんで洗ってください。
✦日光に当てて干すと薬品を使わなくても紫外線消毒になり、消臭もできます。
✦畳み方や重ねて使うなど、自由にアレンジできます。例えば量の多いときは小さい布ナプキンを広げて下地にしその上に大きい布ナプキンをのせたり、夜はお尻のほうに大きい布ナプキンを二つ折りにしたものをもう一枚当てるなど身体の形に沿わせて使えます。

Q&A

Q：経血が漏れませんか？
A：多い日や夜間はナプキンを複数重ねてください。動いているうちにシワが入り、よじれて横漏れがする場合があります。また、布製のため、つけていることを忘れてしまい、交換するのが遅れて下着を汚すことがありますので気をつけてくださいね。

Q：不快さはありませんか？

A：むれや痛み・匂いなどほとんどは気にならなくなったという感想が多いです。下着と同じ綿１００％ですから、つけているのを忘れてしまうほどです。ただ、つけていることを忘れて長時間経血に当たっていると、かぶれることもあります。気をつけてください。

Q：シミになりませんか？

A：草木染めを施すと、使用後は水につけてから洗えば、ほとんど大丈夫です。出先で使われる方はそのままにしておくと、どうしても時間が経って経血が乾いてしまい、落ちにくくなります。水スプレー（光触媒トリニティー希釈液もおすすめです）して密封袋に入れて持ち帰るなど、工夫してみてください。

Q：つけおきしたときに出る血液は排水口に流していいのですか？

A：大丈夫です。経血は赤ちゃんのベッド（胎盤の素）が流れてきたものです。栄養があるので植物に与える方もいます。

Q：洗って干すだけでは不潔な気がします……。

A：しっかり洗えていれば大丈夫です。合成洗剤を使っていたり、消毒を普段する方は気になるかもしれませんね。日光に当てると鉄分の匂いは気になりませんし、アイロンがけをされてもいいと思います。煮沸する、草木染め（煮染め）をすると雑菌の繁殖防止になります。

Q：子どものおしめを再利用しようと思いますが。

A：エネルギーを無駄にしない観点からも名案だと思います。他にも、古着で作る方もいますが肌のためには化繊の入っていないものや天然素材を選んでください。

Q：生理以外に使用してもいいのでしょうか？

A：もちろんです。おりもの、お小水、産後の悪露、おむつに利用されている方も大勢います。私は夜の母乳パッドとして重宝しましたし、友人はかぶれで下着が肌にあたって辛いときに使っています。

ナプキンの作り方

材料　ネル布地　針と糸、またはミシン　まち針　裁ちばさみ

① 布を裁つ。

② 中あての横幅部分にかがり縫いをする

ジグザグミシン、ロックミシンでもＯＫ
片側はミミなのでそのままで
③ 中あての布を表にして本体にのせる（起毛が多い方が表側です）
まち針で留める
④ 中あてと本体を縫い合わせる
このとき、中あてと本体にずれがあれば切り揃えます
⑤ 最後に周囲をぐるりとかがり縫い

おさらい：使う前に一度洗ってお日様に干してから使いましょう。

光触媒トリニティー加工もこのタイミングでします。

どうしても布製ナプキンを作るのが困難で、使い捨てナプキンをお使いになる方には、ケミカルな環境からデリケートゾーンを守るため光触媒トリニティーの希釈液をスプレーなどで噴霧してからのご使用をおすすめしています。地球の資源をいただいていることに変わりはありません。いずれの場合も、自分と自然を慈しむ労わりの時間をお過ごしくださいね。

草木染めでナプキンを染める・光触媒加工する

布ナプキンはそのままでも心地好く使えます。さらに、薬効も期待できる草木染めを施すとより肌のあたりが柔らかくなりますので、ぜひ挑戦してみてください。オーガニックコットンや無漂白布地の場合は綿の油分を含んでいますので、たっぷりのお湯で煮沸して脱脂をしてください。乾いたら染めの下準備に入ります。

用意するもの　手作りナプキン・びわの葉（布地の重さの3〜5倍）などの植物・みょうばん（布地100gに対し4〜6g）・大きな鍋三つ・厚手のゴム手袋・大豆布地100gに対し10gまたは豆乳や牛乳などタンパク質のもの

下準備　綿は絹や毛と違いタンパク質を含んでいないので、呉汁や豆乳などに浸してから染めるとよく染まります。

✦大豆を一晩水につけてふやかしたものを水ごとミキサーにかけます。

✦できた呉汁を布で漉《こ》します。

✦呉汁や豆乳に10倍くらいの水を足し、そこにナプキンを30分ほど浸します。呉汁がムラなくしみこむようによく動かします。

✦よく絞って陰干しをします。脱水機にかけても大丈夫です。

染料液を煮出す

びわの葉は新芽よりは厚くて緑の濃いもののほうが薬効があります。寒い時期のものは寒枇杷と呼ばれて重宝されています。

✦びわの葉をよく洗い、ちぎるか刻んで鍋に入れ、煮出せば出来上がりです。

✦2~3度火にかけて、2日目くらいから染液が赤くなります。3日~5日目くらいの鮮やかに発色したときが染めどきです。布で漉すなどして、使います。

染めの工程

1 下準備を施したナプキンを染料液に入れ、色ムラにならないように菜箸でゆすりながら、15~30分くつくつと煮染めをします。
2 別の鍋に湯500ccを沸かし、みょうばん4gを煮溶かしてからナプキンが充分に浸る量の水を加え、媒染液を作ります。1の布を軽く絞り、伸ばしてから媒染液に入れて、

よーくゆすりながら15～30分間おきます。(布の量によって媒染液の量も加減してください)

媒染とは？　布に色素を定着させることです。草木により煮染めした布を入れると、さっと発色するものがあったり、植物の個性が出るので注目してみてくださいね。

みょうばんのほかには鉄媒染《てつばいせん》、鉄漿《おはぐろ》などがあります。

3　水に色が出なくなるまで水洗いして脱水機にかけます。

4　再び染料液に入れて15分ほどぐつぐつと煮ます。さらに30分ほど置くといいです。

5　よく水洗いして脱水機にかけ、お日様に干します。

ここでは、昔ながらの自然療法で肌に良いといわれるびわの葉を紹介しました。よもぎや玉ねぎの皮、どんぐり、くるみ、ダンコウバイ、コーヒー紅茶など台所や自然の中には染められる素材がたくさんあります。

私の願い　このナプキンを使い続けてみて、生理と向き合うことは自分を愛すること、ひいては大自然の循環の中に自分がいるということを大切にすることへと、視野が広がりました。地球環境を想う暮らしを始めて、気づけば25年が経ちました。今ではさまざまなタイプの布ナプキンが作られています。そんな今だからこそ、自分を慈しむために手作りの良さを伝えていきたいと思います。私たち人間が、大自然の中に生かされているということに気づいて、これからも美しい地球と共存していけますように。

〈布ナプキンいろいろ〉

同じ大きさの布2枚で

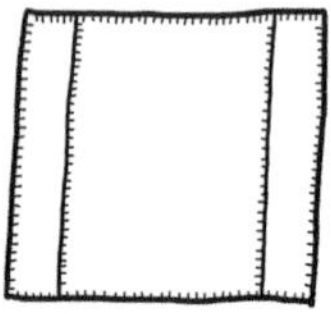

大きさが違う2枚の布で

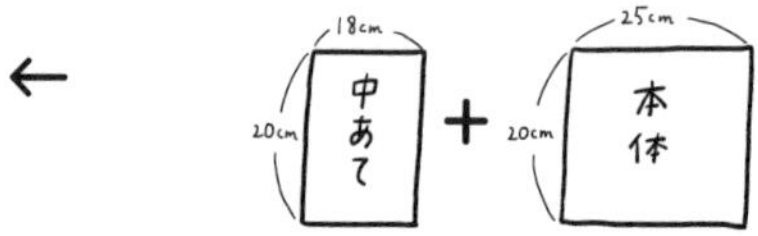

中あてと本体を縫い合わせず、筒状にして
外側だけをぐるっとかがれば、早く乾きます

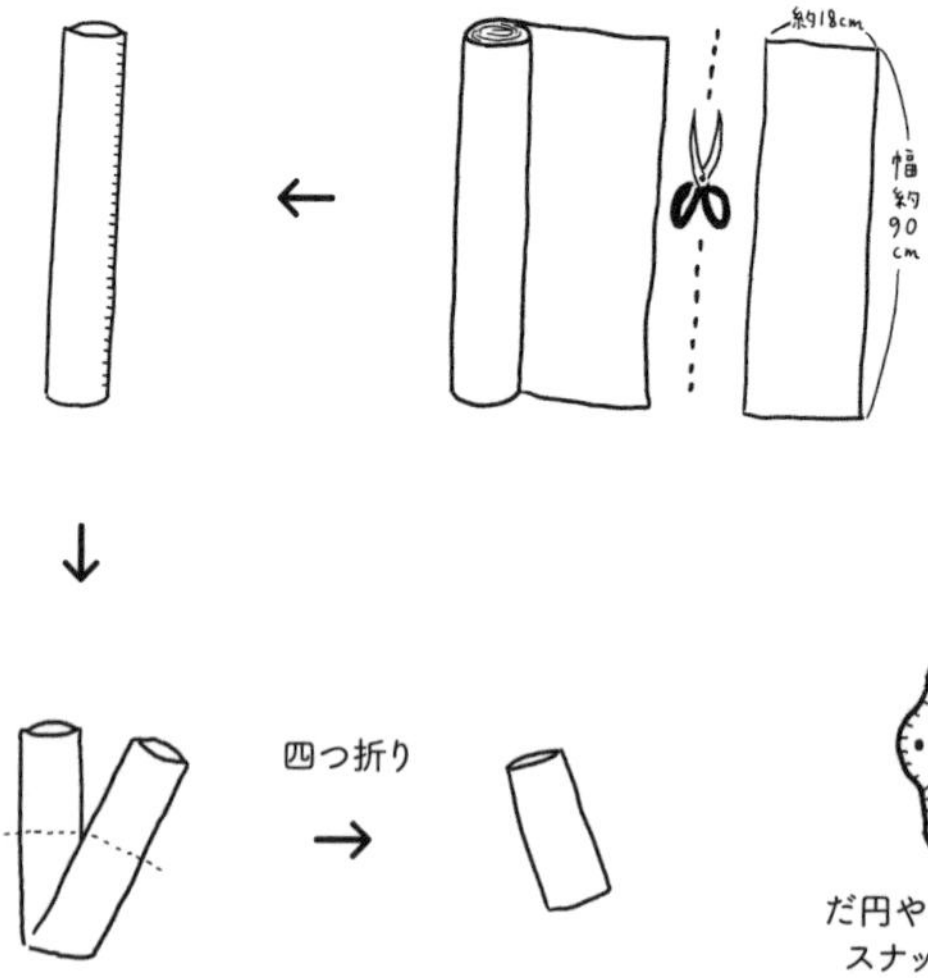

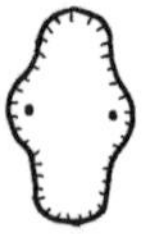

だ円やひし形にして
スナップボタンを
つけても便利です

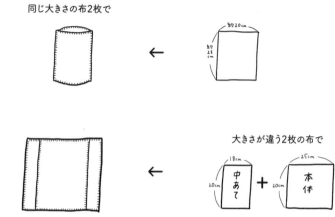

〈草木染め〉

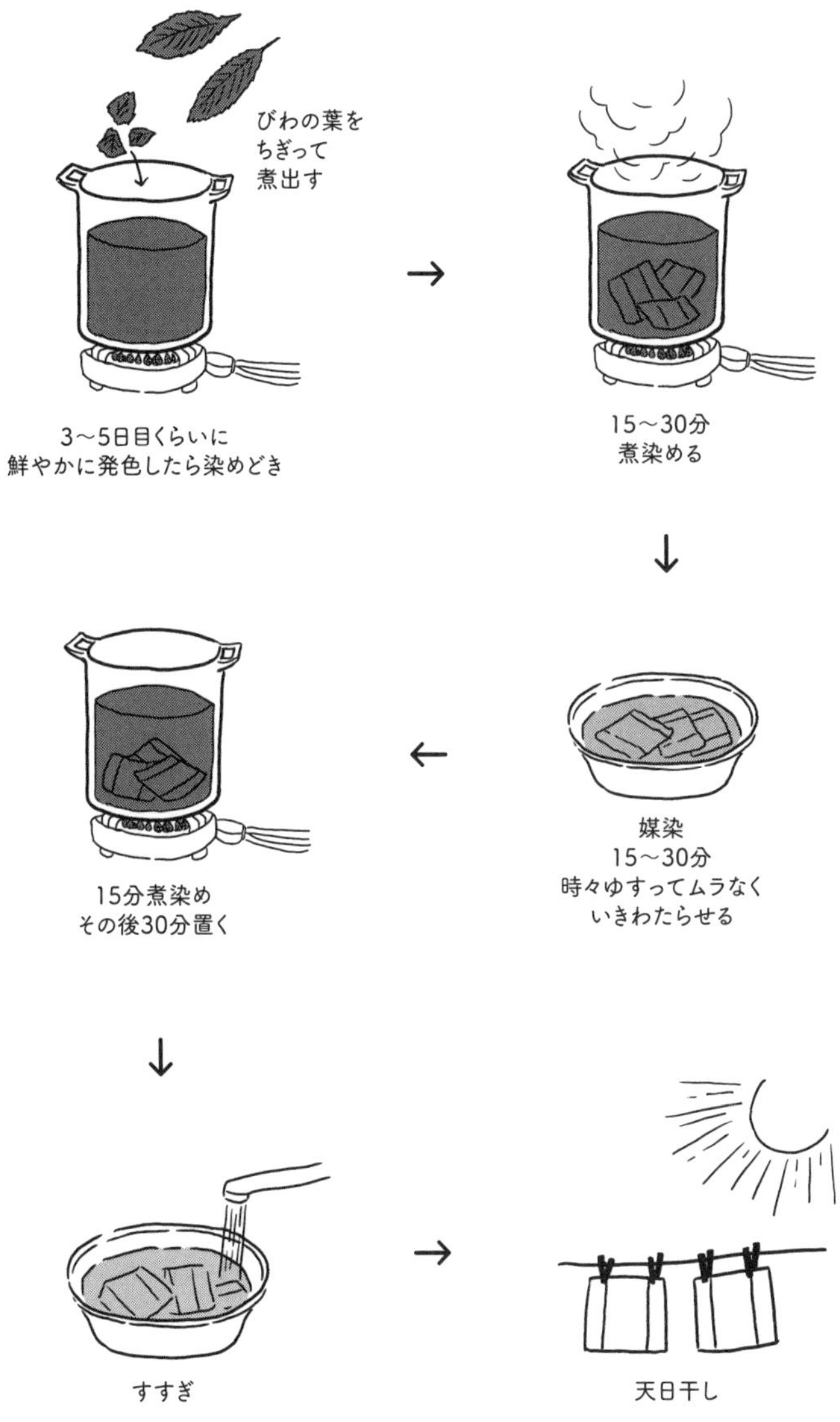

びわの葉を
ちぎって
煮出す
3〜5日目くらいに
鮮やかに発色したら染めどき
15〜30分
煮染める
媒染
15〜30分
時々ゆすってムラなく
いきわたらせる
15分煮染め
その後30分置く
すすぎ
天日干し

37 家庭から始める地球にいいこと

内面美容は、毎日の暮らしの中で実践して磨くことができます。あなたが今、家族と一緒に暮らしているのなら、その家族と共に切磋琢磨して内面を育てているのです。

自分が使う日用品の選択から、家族も安全な日用品を使うように波及していけば、身体の健康を守りながら、美を育てるライフスタイルへと、自然に切り替わっていきます。価値観を押し付けることはできませんが、実際に安全な製品を使ってみせ、選択肢があることを示していくことは、誰にでも気軽にできるエコ活動です。

地球環境に危機感を持つこと自体については、賛否が分かれるところですが、もしも私たちの行きすぎた欲が、この社会や地球環境を崩壊させてしまうことになったら、嫌だな。悲しい。そう感じるような、環境にまつわるネットニュースをよく見かけるようになりました。

環境問題の行き詰まりというのは、すでに対岸の火事ではなくなってきています。だからこそ、自分事としてマザーアースと一体となる美容を実践する人が増えるよう、安全美容をお伝えしています。

シャンプーや石けん、洗濯洗剤などの日用品に安全なものを使う習慣ができていると、合成洗剤を使わなくてはいけない場面に出合っても、自分で工夫することができるようになります。

排水口から流れて自分の目に見えなくなったら終わり、ではありません。現に、25年前、北海道から本州に出てきた当時に見たテレビ放送の内容は、ショッキングなものでした。下水処理施設で受け入れた汚水を、安全な状態まで処理しきれないまま流さざるを得ず、川下の魚が死んでいることが地方のテレビ放送で指摘されていました。また、東京湾の水質汚濁については、オリンピックの際に懸念されていたのも記憶に新しいところです。

誰かが下水処理をするからといって、自分は好きなだけ水道水や洗剤を、使っていいものでしょうか。シャンプーや洗剤を使いすぎない、排水として流れた先で分解しやすいものを選ぶ、浄化剤を併用する、といった工夫は毎日の習慣です。まだ取り組んだことがなければ、ぜひ取り入れましょう。地球の応援団として、日々の生活排水に再生力を持たせることができたら、川や海の汚染を自分たちの手で解決できそうな気がしてきませんか。

よく、排水口や水回りを掃除すると運気が上がる、といいます。ここにプラスアルファで提案したいことがあります。人間の運気アップに加えて、自然環境の浄化力や自然治癒力を伴うよう、想いを馳せながら掃除をしてみてください。排水が流れた先のことまで考えて行動して、運気が上がらないわけがありません。家族みんなで地球を想って行動する機会を、暮らしの中でたくさん見つけてみましょうね。

家族で地球を良くする暮らしのヒント

□洗剤やシャンプーは原液で使わず、泡ポンプボトルで質のいい水で割って使いましょう
□洗剤や石けんの使いすぎは排水口の負担に。使う量を減らしましょう
□排水口掃除は、多孔質の化石サンゴ粉末を洗浄剤として使うと、詰まりにくくなります
□匂いの強い日用品は避けましょう
□化石サンゴの粉末を入浴剤としてお風呂に入れると、肌からミネラルが吸収できます。

多孔質なので排水口をお掃除しながら流れていきます

□防腐剤入りの基礎化粧品を多用するのは控えましょう。保湿には、吸収のいい天然水を使うと身体への負担が減ります。

□良質な水を一日2リットル飲みましょう

□サプリメントを摂るときは、ミネラルバランスの取れた製品を選びましょう

□どんな製品にも、作り手の愛が宿っています。感謝の気持ちで使いましょう

38 毎日のヘアケア＝「整え」で霊性を磨く

美容というと一般的には外側を整えることを意味していますが、内面を整えることと表裏一体です。

内面を整えるとは、霊性を磨くことも含まれています。磨くといっても山に籠って修行するとか、聖地巡礼のことではありません。あなたが今いるこの場こそが、聖地です。あなたという神を宿した身体に霊的エネルギーが宿っている、と気づくツールとして、美容はぴったりなのです。相反するように思えますが、外面美容というのは自分が自分に心を配り、手をかければ必ず応えてくれます。意識の方向を内側に向けるだけ、という簡単さなのです。

髪の毛はアンテナです。霊的エネルギーを使いこなすためのコツを、3つご紹介します。

ひとつ目は良質な道具を選び、素材が持つ力を借りることです。自然由来の成分で作られた化粧品や、自然素材のものはそれだけでエネルギーが高く、触れることで間接的に大自然と繋がります。

シャンプーですとアミノ酸系や石けん系、整髪料なら天然の油分で作られたもの、香料も安全に栽培された植物から抽出した精油など、人にも環境にもやさしい成分で作られた製品を選ぶことが、健康な髪と頭皮の基本です。

ブラシですと、持ち手は木製素材で、ブラシ部分が豚毛、竹などの木製ピンといった、天然素材のものがあります。

安価なプラスチック製品は避けてほしいところですが、業界を支えるプロユースの櫛やブラシには安くて丈夫で長持ちするものもありますので、用途に合ったものを選ぶと結果として無駄がありません。

ヴィーガンヘアブラシといって、動物の素材を使っていないブラシもあります。植物由来プラスチックから作られているのです。より良い地球の未来を考えた道具が出てきています。

タオル類も、綿や麻といった自然に還る素材を選んで、清潔なものを使います。洗濯洗剤も、もちろん自然素材で。私の美容室では与那国産化石サンゴの微粉末や、ＬＣＲ（ランドリークリーンリング）という波動水が入ったリングを使っています。このリングはもう何年使ったかも覚えていないのですが、10年は洗濯機に入ったままです。洗うタオルは綿１００パーセントの業務用ですが、波動の高い水美容をしているのでリングの力がさほど消耗せずにいるのでしょうか。波動の高いもの同士が共鳴し良質な場が生まれることによる相乗効果もあるようです。タオルは肌ざわりも吸水もよく、重宝しています。

ふたつ目は、使用する化粧品やヘアケア用品が用途を終えて廃棄されるときに、自然に還りやすく、害がないものを選ぶことです。美容というのは、自分だけが美しくなるものではありません。製品そのものと製品の容器、それぞれがいずれごみになります。この地球上の素材を使って私たちがきれいになることは、素材そのものが形となり物質としての役割を全うすることでもあります。自他一体の思いを持ち、感謝して道具を使うと、波動が精妙になり、運気を上げてくれます。

「この世がすべて神ならば、石油系シャンプーもプラスチック製品も神ではないか。だからいいじゃないか」

という人もいます。確かに、この世のすべてに宇宙エネルギーは働いていますし、再生プラスチックについてはこれからの社会課題なので、一理ありそうな気もします。

ですが、プラスチックの再資源化や、自然界に流出してしまっているマイクロプラスチックの安全性について、解決できるテクノロジーはまだ身近な暮らしの中にはありません。せめて、感謝して使いたいもの。解決方法がわからないのだからしょうがない、と消極的になりがちです。が、だからこそポジティブな思いで、新しい地球環境をつくり出そうとすることが、霊性を磨く秘訣です。

というわけで、最後の3つ目はマインドです。「自分がきれいになることで自分も周りも幸せになる！」と思いながら化粧品や美容道具を選び、使ってみてください。自分を喜びで満たすと同時に、自分の周りに光をもたらすと思いながらお手入れするのです。道具や素材を使えることに感謝の気持ちが湧いてくることでしょう。

39 本質美容で夢を叶える

高次元からの贈り物というのは、現象世界のみならず、私たちの心にまでも作用します。今や美と健康、地球環境をも視野に入れた経済が可能となりました。これは、ＳＤＧｓの目標とする項目を、いくつもクリアしている在り方です。

人を活かす。利他の思いで動く。

いずれも、水美容メーカーの会長が私たちに教えてくれた経営のコツです。

20数年やり続けているうちに、結局生かされてきたのは自分だった、と気づきました。それに加えて、いつも誰かの優しさに支えられてきていたのだ。と、感謝の念が湧いてきます。

多様性の時代ともいわれる今、私たちが自分を表現する手段は、ヘアスタイルやファッションといった美容から、健康、そして趣味、と、多岐に渡ります。

思い思いの表現がしやすくなった今は、思い通りに具現化していく時代でもあります。自分の好きなことを存分に取り組んでいる、というのは、まさにたった今、この瞬間に起きていることなのです。

本当の美しさ、真の美を自分自身の目に映し出す勇気がなければ、本物の美に出合うことはありません。

水美容の仲間たちの多くも、それぞれが自分のことばで、地球環境への思いや美容と健康へのコミットをし始めています。

風の時代に入り、このように更に真理への理解が深まりつつあることが、きっとあなたの身近なところでもそう実感する出来事として起こっていることでしょう。自分を活かして貢献できる業界が出来上がる、という流れは、今後ますます加速し、心豊かな文明が発達していくと思われます。

望みを具現化しやすくするには、まず思い描くことから。「想いは実現の母」といいます。去年よりも今年、今年に入ってからもひと月ごとに、具現化のスピードが増しているように私は感じていますが、あなたはどうでしょうか。

喜びと感謝を持って、現象が立ち上がっています。これは全体としての霊性の高まりを意味しているのです。

心理学や教育の分野でも、自分を深く知ることの重要性に少しずつ気づき始めています。淡々と自分と向き合うことは、実相世界においても現象世界においても、真実なる自己との出会いにつながるのです。

これまでは、上へ上へと向いていた意識だったかもしれません。同じように肉体にも目を向けましょう。心という、目には見えない場所で、何が起きているのかを見つめるのです。

拡大する宇宙に意識を向けながら実践していると、この輪が実はらせん状に発展していることに気がつきます。

だから本当は、望みを実現しやすくするために何かをする必要はないのです。ただただ、自分が宇宙そのものだと気がつくだけ。

その「宇宙」として何を思うか、ということを説いているのが引き寄せの法則ですから、まずは「我即宇宙、宇宙即我」なのだと思い出してください。宇宙という根源から生きるのです。

繰り返しになりますが、私たちを存在至らしめているエネルギーのことを愛や光、神と呼んでいます。そのエネルギーそのものが自分だ、と自覚できるようになるために、明想をしましょう。

「愛の次元」は、今すぐにでも自ら顕現することができます。そもそも私たちの本質が愛なので、すでに愛の次元に自分がいることを知ってください。そんな本質に立ち返ることが高次元な美容で叶います。

不思議なことに、人の心は、巧みに真実から遠ざかろうとして、怖れの気持ちが働きます。それでも私が、意識的に愛を目指すことができるのは、答えをすでに教えてもらえたからです。

ペンションやすらぎの郷での講話は、まさに答えそのものでした。知花先生、上江洲先生が説く愛の法を朝晩繰り返し聞き続け、諳んじることができるくらいにことばを覚えました。しかし、この状態ではただの知識にすぎず、悟りとはいえません。

この愛の法である宇宙法則を開発のヒントにし完成されたビーワンシステムには、すべてはひとつ、という想いが込められています。

ビーワンのような、真心と喜びが共に具現化される商品が流通することが、もっと当たり前の世の中になるといいなと思います。

40 特別なメソッドの組み合わせでマザーアースと一体化する

美容室は一般的に容姿を美しく整える場です。

美容というと外面美容、つまり外側を美しくすることが大事だと思いがちですが、それだけではありません。美容室の施術で使う材料には、石油由来化粧品が多く使われてきました。これが肌には良くないとわかってきています。

一般市場ではオーガニックなヘアケア・スキンケア用品が流通し、サスティナブル（持続可能）な製品を選ぼう、という消費者も増え続けています。

近年、サスティナブルでは現状維持にとどまるだけなので、マイナスをプラスに変えるライフスタイルの必要性が求められるようになってきています。ここ数年の世界的な動きとしてリジェネラティブ（再生）でより良い自然環境の改善を図るべく注目を集めています。

美容室で行われる施術には薬品を使いますから、地球環境の再生とは相容れないものと思われがちですが、美容メーカーも原料を石油由来からオーガニック由来のものに変えて薬剤を研究開発するなど、取り組んでいます。

美しさのお手本ともいえる女優さんの多くは、身体の美しさと健康は切り離せないものと知っています。自然とオーガニックに造詣が深くなり、内面から美を整えることを習慣にしている人が多いのです。

美容と地球環境は繋がっています。真にエコロジカルで有機的な美容を日常で行うことで、地球再生に貢献できるのです。地に足をつけてマザーアースと一体となるために、これまでの経験を踏まえて、いくつかの方法をご紹介します。どれかひとつに取り組むだけでも、地球というお母さんは喜びます。いくつかの手法を組み合わせて、かけ合わせることで更に充実し密度が増して高次元な美容を叶えることができます。そのためのメソッドを、具体的にご紹介します。

✦メソッド1　水美容と八ヶ岳カット

私の美容室では、水美容がメインです。浸透性の高い良質な頭髪用化粧水『ビーワンバランス』を霧吹きボトルに入れて、すべての施術で髪にスプレーしながら使います。

お客さまからのオーダーが最も多いのは、頭皮洗浄というメニューです。この施術は一般的に３５０cc程の専用ローションで行うものがありますが、私の美容室では、５５０cc以上のビーワン水を使います。お水のヘッドスパは、水分補給にもなります。

パーマやカラーリングなどの薬剤を使う施術では、このお水のシリーズを１回あたり合計で２５０cc以上使います。一般的なパーマですと1液と2液合わせて２００cc程、カラーリングは１００g程の量の薬剤を一度の施術に使います。原液のみで行うよりも、水美容を併用すると薬剤の総使用量を半分ほど減らすことができて、髪への負担も軽減します。

本来的に、薬剤は頭皮へつけないものとされています。しかし、どうしても皮膚についてしまったり、頭の体温によって温められた空気でピリピリと刺激を感じることがあります。この刺激が痒みやかぶれの原因となってしまいます。また、皮膚吸収された薬剤は体内に入り込んでしまいます。アレルギーのある方はもちろん、内臓疾患のある方は避けるべき美容なのです。

お客さまへ施術するときには室内の空気をこまめに入れ換えたり、ヘアーリフォーマーという流体改質装置をつけたままにして、室内の空気を清浄に保っています。

髪だけでなく、呼吸にも影響を及ぼす美容室の空気は、しっかり管理できないとお客さまが不調をきたすこともあるほど。

髪の毛は、一番外側のキューティクルが整っていると、つやが出ます。ダメージや癖毛でつやがない髪は、キューティクルの鱗の重なりが損なわれていたり、乱れてしまっている状態です。しっかり水を含ませて潤うことで、キューティクルが整い、つやが出ます。

ヘアーリフォーマーは、空気の状態の水でエアートリートメントする機器です。流体改質器といって、室内の空気を取り込み、分子がバラバラの状態で出てくる仕組み。キューティクルのサイズに合ったお水を飲ませてあげると、髪の毛は満足してキューティクルの口を閉じ、つやが出ます。

基本的には水と空気を使い、あとはカットでヘアスタイルを作ります。

カットは、日常のヘアスタイルがきれいでいるための土台です。髪の収まりを良くし、スタイルが長持ちするよう、ひとりひとりの髪質や骨格に合わせた完全オーダーメイドです。日常で髪に煩わされずに、楽ちんでセットが決まる工夫をしている私のカット技法は、八ヶ岳暮しを愛するお客さまの声が集まってできた賜物です。「八ヶ岳カット」と名付けられ、親しまれています。

✦メソッド2　ヘッドの特別洗浄

髪の毛を切った後には、毛穴クレンジングをしながらシャンプーして、すすぎます。ヘッドスパをするときは、このすすぎの後のタイミングで行います。循環器という専用の器械を使い、百会を起点に、頭皮全体にビーワン水をかけていきます。

この頭皮洗浄は、水の中で揺蕩うような寛げるリラクゼーションメニューですので、横になるとすぐに眠ってしまう方もいるほど。私はいつも高次元の存在たちに見守られているイメージで、施術をしています。普段から明想に取り組んでいますが、実社会に役立つかといえば、目に見えた形でどうなっているかは見えにくいものです。しかしこのお水のヘッドスパは、お客さまがご自身の美と健康を思う気持ちや地球再生への願いから、当店を選んで来られたからこそ、実現できるもの。この想いを持って行動していることを、見えない存在は見てくれています。このお客さまにいいことが起きますように、と祈りながら施術しています。

この施術を受けるようになって、白髪染めをやめられたお客さまがいます。カラーリングをすると地肌が痒くなるので困っておられましたが、そのうちにカラーをやめて頭皮洗浄のみになり、今では毎回きれいコースで髪とお肌をきれいに整えています。

月に1度は行いたい、と、頭皮洗浄のみに来られるお客さまもいらっしゃる人気ナンバーワンのお手入れメニューです。

この頭皮洗浄ヘッドスパは、トリートメントメニュー、癒やしメニューとして、理美容店以外にエステサロンや整体院でも導入されています。癒やしサロンを持ちたい、と、美容以外の分野でご商売を営む方が学びに来られ、シンプルな施術でありながら簡単に結果が出ることで大いに自信を持たれています。リラックスできた、髪が若返った、髪の根元の立ち上がりが良くなった、顔色がすっきりした、目がぱっちりした、マイナス10歳、15歳、と施術を受けた本人が実感され、喜びの声が寄せられています。

✦メソッド３　化学物質との良好な関係を模索する

化学物質に反応してしまう人や内臓が弱い人は、カラーリングやパーマは避けましょう。健康に直結しているのに、この事実を知っている方は少なく、美容師でさえもカラー剤がしみることの意味を深く考えずに、日々施術している人もいます。

安全かつマザーアースと調和する美容法を選ぶには、どうしたらいいでしょうか。すべての化粧品を、オーガニックなものにできない人もいることでしょう。石油由来化粧品を使うときには人の身体に負担がある分、使用量を少なめに。

排水浄化の意識が当たり前になればいいなと願いながら、水美容を25年以上伝えてきました。

水は、地球上を循環しています。排水は「いってらっしゃい」、蛇口から出てきた水は「おかえり」と、自分に近いものとして、捉えてみてほしいのです。できることなら、添加物などそもそもなかった時代のように、身体の内側に負担をかけない美容を選んでください。そうすることで、体内に危険な添加物を取り込むことが減ります。これから子どもを産み育てる年齢なら特に、気をつけたいものです。

パーマの2液としても使う過酸化水素水は、毒物及び劇物取締法で劇物に指定されている強い薬品です。刺激があり危険ですし、排水として流した後に浄化するためには、膨大な量の水が必要です。

化学物質に反応する私は、健康でいいコンディションを保つために、パーマやカラーリングを自分自身にほとんどしません。また、美容におけるテクノロジーは、残念ながら地球環境をも美しくする方向には、向いていません。これから先、自分の快適さと地球の健康が両立する美容が、もっと求められるようになることでしょう。

白髪があることは自然現象ですし、ひとりひとり生え方は違いますから、個性のひとつとして活かすスタイルを提案しています。

コロナで緊急事態宣言されたときに、真っ先にやったことが「ヘアカラーをやめましょう」という提案でした。外出できないことをメリットと捉えたのです。その甲斐あって、今では、とってもおしゃれにグレイヘアを楽しんでいるお客さまが、増えています。

髪の毛のコンディションという見えるものから、地肌の様子、体調、心の状態などお客様ご自身のエネルギーまで一通り見させていただいて提案しており、そのときそのときでベストなバランスに調和するようスタイルを作っています。ホームケアなどの、ちょっとしたアドバイスをさせていただくこともあります。どなたでもつや髪、美髪、地肌ケアに使ってほしいのが、『ビーワングレース』です。頭皮にスプレーし、とかしてセットをしたり、ドライヤーをあてます。

✦メソッド4　心を整えるつや髪

髪をつやつやにすると心も整うとわかってから、意識的に美髪と心それぞれにアプローチが可能になりましたのでその方法を、次の項でご紹介します。

41 きれいでいることに許可を出す

すべての女性が、髪に悩んでいるといわれています。例えば、10代の女性がアイデンティティーを身につける過程で、髪の色を変えたりパーマをかけたがることは、大人になり、美意識を育てるための自然な欲求といえます。が、学生の髪型は校則で厳しく決められていたりして、自由な自己表現ができないのが現状です。自己表現を禁じられながら育つので、知らず知らずのうちにきれいでいることへの恐怖を持ってしまっていることがあります。

あなたらしくいること、きれいにすることは、悪いことでも恥ずかしいことでもありません。いろいろな髪形をしてみるとか、美容院選びをしてみてください。承認欲求を満たすことができるのは、自分しかいませんから。

髪の毛は、あなたのお顔の額縁として、あなたをより一層魅力的に見せる強力なパーツです。ヘアスタイルを味方につけてどんどん楽しみましょうね。これまで提案して好評だったアドバイスをご紹介します。

ヘアスタイルチェンジのヒント

✦季節に合わせた工夫をしてみましょう。寒い季節は首まわりがもたつかないスタイルで襟元のおしゃれを楽しめるように。あたたかい季節には鎖骨がきれいに見えるスタイルを意識してみましょう。

✦気分転換したいときには、これまでしたことのない髪形にチャレンジするのに最適です。

✦初めてのカラーリングは特に慎重に。アレルギーがないか毎回必ずパッチテストを。地肌を傷めると白髪が増えるので、先々も染め続けられるかどうかをよく考慮してくださいね。

✦パーマやストレートパーマは、薬品の残留臭がしばらくあります。体調のいいときに美容室へ行きましょう。

✦初めての美容室では、なりたいイメージのスタイルをスマホのスクリーンショットなどで撮っておいて、すぐに見せられるようにしておきましょう。簡単なイラストでも伝わります。

ＮＧなのが「女優の○○さんと同じにしてください」というオーダーです。女優さんはヘアスタイルがそのときによってまったく違うので、口頭のみではイメージのすり合わせができません。希望のスタイルがわかるものを見せましょう。

✦普段のお手入れがしやすくなるようアドバイスを求めましょう。ライフスタイルによってこんなふうにしたい、こうなっては困る、という希望は人によりまったく違います。自分の快適さを求めるために、美容師の腕を借りてください。

42 高次元な美容でアンチエイジングが不要に?!

美に対する欲求の究極はというと、アンチエイジングでしょうか。加齢に逆らって若返りをすることは、化粧品ではありえませんから、美容室で扱う範疇を超えています。

それでも私のもとには、エイジングケアができて嬉しい、年齢肌によるしわが目立たなくなった、という喜びの声が届いています。

時間を戻すことはできません。ですから、老いていくことを自分の中で受容できているかどうかで、エイジングケアの取り組み方が変わります。

若々しく見られたい！　と、アンチエイジングを願うあなたに、知っておいてほしいことがあります。その願望の奥にある本当の望みに気づくこと。自分を俯瞰して見ることができるようになれば、高次元な美容の上級者です。見た目の美醜を超えた美しさを纏っていることでしょう。その世界は三次元に囚われない究極のアンチエイジング的な世界です。

とはいえ、私自身が実年齢や、それ以上に見られたことは一度もありません。この25年ずっと、天然水『アクアーリオ』と『かぼくモイスチャークリーム』の2点で、シンプルケアを続けているだけです。

加齢によってお肌にできたシミやしわ・たるみを何とかしたいなら、年齢肌にふさわしいお手入れをしましょう。

エイジングケアを始めたいあなたにおすすめのスキンケアは、次の通りです。

夜　クレンジング剤や洗顔料で顔を優しく洗う。すすぎのお湯はぬるめでしっかりすすぐ。タオルで押さえるように拭いたら、すぐにアクアーリオをスプレーまたは手に取ってつける。拭いたらすぐ、湿り気が残っているうちにつけるのがポイントです。かぼくモイスチャークリームをたっぷり塗っておしまいです。

朝　「トリニティーセラミック浄水器」（※）の水で顔を洗います。「きよめ洗顔」と呼んでいる洗顔法です。洗面器いっぱいに清め水を張ります。1分～2分間、水を手のひらに感じながら、お顔全体をすすぐように洗います。洗顔後はアクアーリオ、かぼくモイスチャークリーム、化粧下地の順で手入れをし、メイクをします。

※トリニティーセラミック浄水器『水清水（みずきよめ）』使用

集中ケア　アクアーリオとかぼくモイスチャークリームを交互にたっぷりつけてマッサージし、その後アクアーリオのコットンパックをします。肌質改善や美肌を目指すなら1日5分のパックを習慣にしてみてください。

デイリーケア　アクアーリオをスプレー容器に入れて持ち歩き、気になるときにいつでもスプレーします。少し遠くからスプレーして霧状の水をふんわりとお肌にのせましょう。

※敏感肌の方は様子を見ながら少しずつ試してくださいね。

43　高次元な美容を実践し続ける方法

髪の毛がサラサラになることが喜ばれることから、この感動をサロンに来られない方にもお届けしたい、とオンラインのヘアケア講座を作りました。受講される方はエコにも美容にも関心がある方ばかり。実践の本講座では、画面越しにシャンプーの方法をお伝えしています。その方に合わせてベストなヘアケアを自宅で続けられるようアドバイスができるので、満足度の高い講座です。

手の動きや動作のタイミングなど、髪の毛の扱い方が面白いくらい人によって違いますから、おひとりごとに丁寧にお伝えすることで、簡単に結果が出て楽しく続けられるようになるのです。知識や情報を発信するだけ、聞くだけという講座スタイルでは、習得できたかどうか誰にもわからずに終わってしまい、いつの間にか忘れ去られてしまいます。双方向のコミュニケーションでエネルギーが循環している講座です。

参加者が深く学べることと、楽しく実践できることの積み重ねで高次元化され、個人のシャンプーが地球再生のカギとなります。

私が行う高次元メソッドのベースを水美容とし、これまで髪・肌・ボディ・心を整えることを提供してきました。

高次元な美容という世界観を大切にする理由は、お客さまに一方的に施術をしておしまいなのではなく、お客さまご自身の本当の願いを引き出してヘアスタイルという形に落とし込んでいるからです。

エネルギーというのは常に動いていて、高いところから低いところに流れるという性質があります。同じ強さのエネルギーが合わさると協同創造が始まります。よくエネルギーが高い低いと表現しますが、美容師・お客様、どちらかが高くてどちらかが低い、というものではなく、どちらも同じ本質としてそのエネルギーが出合い創造が始まります。美容師が一方的に何かをするだけでなくお客さまご自身が新しい自分になってイキイキとした生活を始めるために必要な段取りをする場です。

髪とお肌をベストコンディションに保つよう、丁寧な施術の後には、お客さまご自身で簡単に結果が出る方法をお伝えしています。

美容室に行ってきれいになった髪の毛が、自宅では同じようにセットできない、というお悩みを持ったことはありませんか。自分自身で再現できなくては、せっかくの嬉しさも半減してしまいますから、普段のスタイリングがしやすいように、ベースを整えるカットをしています。

しっかり水分で潤って髪の毛がサラサラになると、髪もその人自身も高波動状態になります。つや髪というのは髪が光り輝いているということですから高次元と繋がりやすくなっている状態でもあるのです。このつやと高次元との繋がりをキープできるよう、自宅でのシャンプー方法とその後のお手入れを、実践していただいています。

お肌ケアは、天然水をベースにして水分の浸透を助けるクリームでお肌のケアをします。髪の毛の潤いケアでは機材が必要なものもありますが、スキンケアに特別な機材はなくても大丈夫。手だけを使ったオールハンドのお手入れで、心がほっと息をつく癒やしの時間を過ごすことができます。良質な天然水で、お肌の中のお水を入れ替えてあげるイメージで施術しています。お肌が新陳代謝するのを邪魔しないために、良質な原料で作られたシンプルな化粧品を使います。

ボディケアもスキンケアと同様天然水をベースにクリームと光触媒の化粧品を使ってケアします。厳密な手技があるというより、お客さまが必要としているところに水というエネルギー媒体を届けるイメージです。

プロセスの中で大切にしているのはお客さまが芯からリラックスでき、ゆったりと時間を過ごせることです。免疫のツボを刺激したり、バストアップしたいときには背中のお水入れ、身体全体の巡りを良くしたいときはリンパの集まる場所といった具合に、ボディと対話しながらお手入れをします。

ちなみに、私自身が行う技術は、基本的にすべて公開しております。美容師だからできる技術というのも確かにありますが、お客さまが手順を真似て自分でお手入れできることが大切です。きれいにする習慣をつけることで何時でもつや髪つや肌でいられるようになります。

高次元と繋がる状態をいつでも自分で作り出せる美容法を、あなたも取り入れてみてください。

第5章　実践ポイントまとめ

✦地球を想ってヘアケアやスキンケアをすることは、マザーアースと一体となること
✦生命や母なる地球と共鳴していく高次元な美容を始めよう
✦霊性を磨く美容習慣を身につけよう
✦魂が創造する豊かな願いに光をあてて、夢を叶えよう
✦バランスのとれた髪のおしゃれでダメージレスになろう
✦シャンプー剤は髪に近い素材を選ぼう
✦家族みんなで地球の応援団になろう

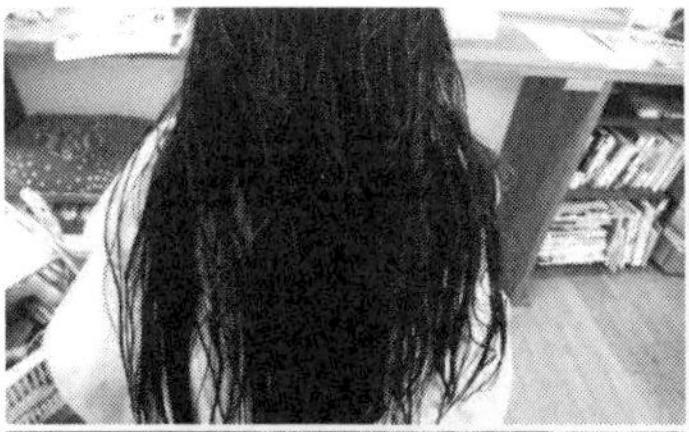
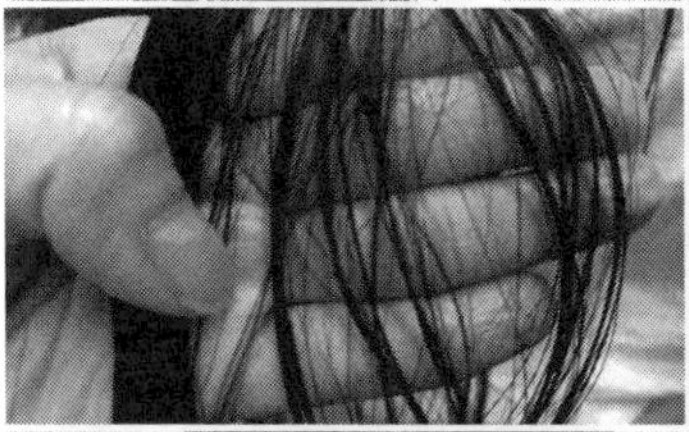
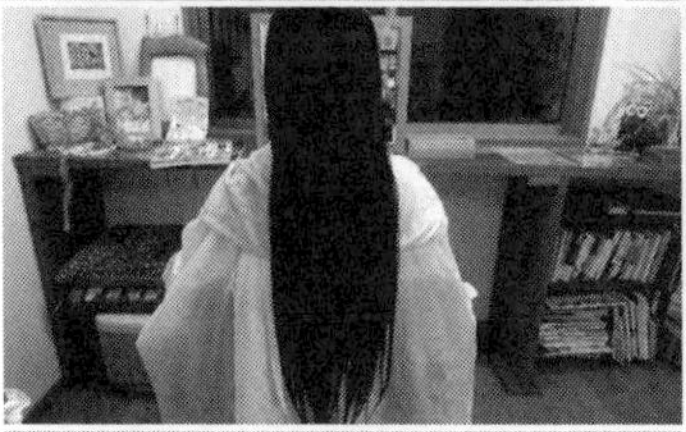

もつれた髪をビーワングレースで
とかした結果、
ブログが６万アクセスに

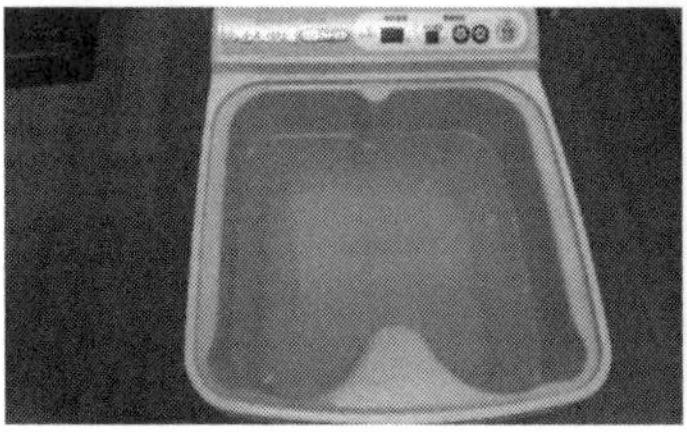

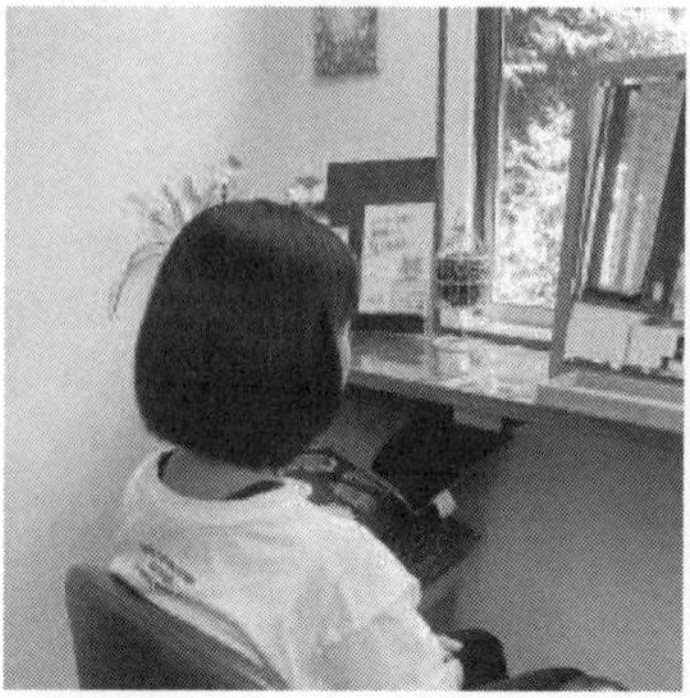

ヘアスタイル

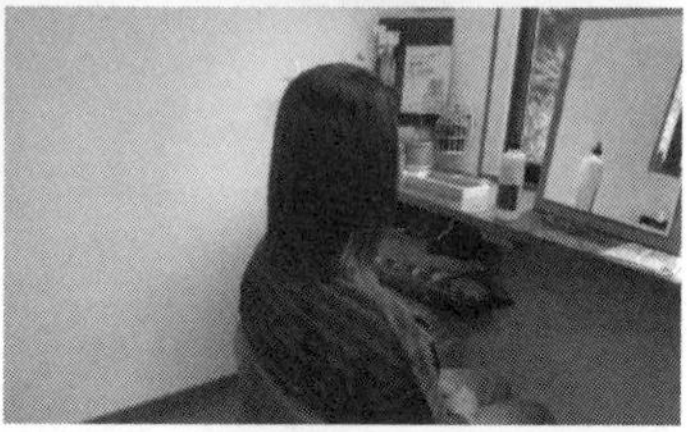

頭皮洗浄のようす

高次元な水美容・みんなの体験談

「頭皮洗浄を定期的に受けています。頭の皮膚が痒く、ずっと皮膚科にかかって薬を塗っていましたが、痒みが止まらずに困っていました。そんなときに肌に優しいシャンプーをする美容室があるよと聞いて通い始め、いつの間にか痒みを忘れるくらい、気にならなくなりました」

50代主婦

「頭皮洗浄がすごく気持ちいいので自分へのご褒美にして、毎回楽しみにしています。ヘアカラーをやめてから髪が傷まなくなり、枝毛になることも今はもうないです。いつも髪が傷んでいたので、ストレスが減って嬉しいです」

60代農業

「リラクゼーションのためにひと月に一度山梨まで泊りがけで来ています。頭皮洗浄で頭がすっきりするのでメンテナンスになっています」

40代会社経営

「頭皮洗浄をやると頭が軽くなります。顔色も明るくなったり目がぱっちりするので、いつも楽しみです！」

40代派遣社員

「背中に水入れをするボディケアをしてもらうとバストアップしたと褒められます。痩せ見えするので嬉しいです」

50代美容販売員

「ここの美容室で相談に乗ってもらっていたら、希望した大学に合格しました。肌が弱いので、肌に優しいメイクも教わり、大学生活が楽しみです！」

10代高校生

「母との関係性に悩んでいるのに世話をしなくてはならず、ずっとそばから離れられずにいました。みどりさんのところで髪を切ってホームケアの方法を教わり、家で過ごす楽しみが増えたんです。そうしたら少しずつ外の世界に目を向けられるようになり、鬱々と過ごしていたのがなくなりました」

30代家事手伝い

「くせ毛なので髪をきれいにするのがいつも大変です。短く切っても広がらずにまとまりが良くなるのでここのカットが好きです」

10代小学生

「腎臓が重い病気になってから、疲れると腎臓のあたりに痛みを感じます。お水入れをしてもらうとラクになりびっくりしました。臓器なので養生していくしかなく、体調管理に助かっています」

20代会社員

「冬になると手と顔がカサカサになるので、美容水を学校に持って行ってつけています。これがあるおかげで安心して学校に行けます」

小学生

「妊娠中におなかにお水入れエステをしてもらったら、赤ちゃんが手の動きに合わせて追いかけてきたのが面白かったです。元気に動いて気持ちいいんだな、とわかりました」

30代保育士

「流産してしまい、その後の体調が優れずに悩んでいたところ、水美容は身体にもできると聞いておなかと腰の施術をお願いしました。優しく流れるようなタッチで、力を入れてリンパを流したとかではないのに、心身共にリラックスできて深い眠りにつくことができました」

30代主婦

「眠りが浅く、疲れているときに頭皮洗浄を受けると、身体がリセットできるので、駆け込み寺のように頼りにしています。ホームケアでゆっくりできるときはエステ帰りのように肌もイキイキするので家でもボトルキープして使っています」

20代美容師

「心身の浄化にいいと紹介されました。施術を受けていると、頭に水をかけているだけなのに心までもが洗われているようで涙が止まりませんでした。自分のお店でも導入してお客さんにやってあげたくなりました！」

40代美容師

「頭皮洗浄で頭に水をかけられると、水圧の刺激が心地よくて秒で眠ってしまいます。目覚めると超すっきりしているので元気回復にはこれが一番です！」

50代会社経営

お客さまエピソード1

水でトリートメントができると聞きさっそく体験しましたところ、水と空気の機械を使ったただけなのに、20年前にたった一度だけやったパーマの匂いが頭からしてきました。身体はこんなに長いこと溜めていたことに驚きました。条件を整えてあげれば身体は不要なものを出そうとするのですね。

50代主婦

お客さまエピソード2

セラピストとしてお客さまに水美容をするため、自分自身も定期的に頭皮洗浄を受けています。心身共にリフレッシュできるのと、エネルギーチャージにもなっています。

ミネラルバランスのとれた化石サンゴとスピルリナのサプリを飲用すると、クライアント自身のお通じが良くなったり免疫アップにいいと喜ばれていると伝えたり、情報交換ができるのもここならでは。病院へ行くよりも未病の段階で健康に気をつけることができて美容にもいいので毎日楽しいです。おかげさまでクライアントの皆さんも元気で若々しいです。

40代セラピスト

お客さまエピソード3

「髪をとかしてもらうだけでもこんなに気持ちいいのか！」初めて水美容を体験したときに衝撃を受けました。髪の毛を四方八方からとかすだけなのですが、地肌に櫛が当たる感覚が快感で、これは月に一度はやってほしいと感動しました。

地球環境問題は解決の糸口が見つからず長期的な課題を抱えています。美容を通じて排水から海をきれいにできるなら画期的なことだ、と、シャンプーをすることに罪悪感がなくなりました。

40代環境企業経営

お客さまエピソード4

ストレートパーマをかけて髪がつやつやになりとっても嬉しいです。職場の人に20歳くらいに見間違われました。私とわかって大爆笑でしたが、そのくらい変化があって嬉しいです！　もともと強いくせ毛で髪の毛はひっつめて一本に結んでいましたが、下ろしたり短くしても広がらなくなり、おしゃれの幅が広がりました。ホームケアの時間が至福のひと時です

30代会社員

お客さまエピソード5

半年に一度だけのカットと決めています。できる限り短くしてもらうのですがどこの美容室に行っても途中のバクハツ感はあり、諦めていました。そんな私のライフサイクルを受け入れてくれて、工夫してカットしてくれます。おかげでまとまりよくボサボサにならなくなり、大変助かっています。合成シャンプーが嫌いで、石けんシャンプーもギシギシするため湯シャン（※）オンリーです。ほかの美容室だと怒られるのですがここは怒られないので快適です。

※湯シャン…シャンプー剤などを使わずお湯のみで髪と地肌を洗うこと

お客さまエピソード6

多くのお客さまは、施術を受けるだけにとどまらず、ご自身が環境のことを考えるライフスタイルをするようになっておられます。

あるお客さまのエピソードをご紹介します。ご両親の畑を受け継ぎ、実際現地に行ってみると、不法投棄の山になってしまい困っている、と、お話しされていました。

ごみの山を片付ける相談を家族で立てたのはいいのですが、土の汚染が気になります。すぐに食べられるものを植えるのは気が引けるというので、当店で扱っている光触媒に興味を持たれ、生体融合型の光触媒を噴霧することを提案しました。

その後、ごみを畑に置いた人が見つかり、解決し始めたと連絡がありました。

まずは自分の美容から始まったご縁でも、こうして、家族や土地が良くなるよう思いを馳せることで、利他的エネルギーが働きだします。ご自身から家族へ、そして一族へと幸せの好循環が始まります。この幸せの循環のことを「幸循環」と呼び、お客さまご自身がその源となる姿に、真の癒やしが映し出されています。

おわりに

この本を手に取ってここまで読んでくださり、ありがとうございます。

私の美容室では、お客さまがリラックスすると同時に外で野鳥がさえずり出したり、お客さまとの会話に答えるかのように龍の形をした雲が現れたりすることがあります。そんなふうに見えない存在たちと遊んでいる感覚が楽しく、心に響きます。

心と身体が繋がっていることを実感できると、マザーアースと共鳴し、見えない力が応援してくれるようになるのです。

この本を読んだあなたにも、そんな喜びに満ちた毎日が訪れることを思い、この本を書きました。

どんなモノでも、すべてに目的があって作られており、作り手の愛が宿っています。私たち現代人は、モノも情報も溢れすぎているため、その愛に感謝をしないままで過ごしてしまいがち。

「愛を知る」とは、自分を知ること。愛される自分を見出すことだけではありません。鼓動が脈を打ち続けるように、太陽が光を放ち続けるように、常に「出す」ことが継続し、流れが続いていています。愛とはつまり、自然の法則です。拡大を続ける宇宙の中の地球という場で、自分から愛として行動することで物事を好転させ、創造的に生きていくことなのです。

私たちの肉体は魂の乗り船ですから、乗り心地の好い船に乗って、人生という航路を楽しんでいただけたら。そのためには、お顔の額縁ともいえる髪を美しく整えることから始めてみると、簡単に結果が出て、やりがいを感じられるはずです。

美容を通して自分を慈しみ、愛として目覚めて生きる人が増えたら、これからの地球はますます輝き、楽しくなるのではないかな、と、本気で考えています。あなたの内側に、無限の創造の源となる「心の美容室」を開いてください。

あなたが、高次元の力を味方につけて、ますます美しくなり、これからもっと楽しいことが、心が喜ぶことがたくさんありますようにと願ってやみません。こうしてあなたと一緒に内面美容を磨いていけますことに、心より感謝申し上げます。

小川みどり

推薦の言葉

株式会社環境保全研究所 代表取締役　西銘正彦

私たちは、美容業界を通して「環境問題、経済活動、精神世界」を三位一体で実践しながら、「心身の浄化と魂の成長」を育み「地球環境の浄化に寄与しながら」お互いを認め合い、調和しながら成長しています。

小川みどりさんの著書は、私たちの活動の主旨や意義、魂の成長という本来の目的をわかりやすく伝えている素晴らしい本です。

小川さんとは、もう30年の付き合いになります。もともとは、小川さんのお母さんが美容師さんで、北海道の中標津から熱心に知花敏彦先生の真理を学びに来ていました。そのご縁からビーワンを取り扱っていただきました。

私は当時、知花先生の真理普及のため講演会場であるペンションやすらぎの郷を経営していました。

ある日、いきなり21歳の童顔の女性が「今日からお世話になります」と訪ねてきたのです。真理を学びに来る人で若い方は少なかったので、とてもビックリしたことを覚えています。小川さんは朝晩、毎日真理を学びながらペンションの業務やビーワンの営業活動、美容室の運営に従事していただいていました。

環境保全研究所は、私の父が知花先生の真理の普及のために創業いたしました。1990年からは未来の地球環境を危惧し、環境浄化商品の開発と販売をスタートしました。

それから美容業界のメッセンジャーである佐藤日出夫先生と出会い「地球環境を浄化する水」が生まれ、使命ある美容師仲間と共にビーワンを伝えています。

ビーワンは多くの奇跡的な結果や不思議な現象を、取り扱うみんなにも見せてくれます。ビーワンは扱う人の意識と共鳴して、様々な気づきと変化を私たちにもたらしてくれます。ビーワンは私たちの魂を成長させてくれる役割を持った商品です。ビーワンはまさに魂の友を引き寄せてくれる「光のツール」なのです。

これから出会う方は、ビーワンとトリニティーが融合した『オールインローション』をたっぷり頭頂部の百会から注ぎ入れてみてください。マインドフルネスしてみてください。仏教では頭頂部からの水入れを「灌頂《かんじょう》」と呼びますし、キリスト教でも「水の洗礼」を行います。『オールインローション』の水入れは、きっと何かを感じていただけるものと思います。

今、地球は瀕死の状態です。若い子たちが大人たちに「責任を取れ」と、叫んでいます。私たちは、便利快適を求めるあまり、地球に大きな負担をかけ続けてきました。綺麗になることが地球に負担をかけている、と気づかない消費者がほとんどです。ビーワンは、25年前から女性も地球も綺麗にする提案をしてきました。地球を浄化できるターニングポイントは目の前です。いまこそ、愛の選択でオシャレにビーワンを取り入れてください。私たちの仲間になってください。そして、多くの方に伝えてください。みんなで、地球の未来に責任を持つ選択をしていきましょう。

そして私たちと共に、そこで見つけた〝生きる喜び〟を価値観の中心において活動しましょう。そうすれば、何も恐れることはなくなります。運命を切り開くのは、自分だということ。未来を明るくできるかは今後の実践次第です。

小川みどり　おがわみどり

美容室みどり LoveEarth 代表。

美容師歴28年、着付師歴11年（2024年現在）。中級着付技能師。

北海道で美容師免許取得後、清里のペンションやすらぎの郷にある美容室 BE ONE にてイキナリ技術者デビュー。同時に、理美容室卸し業務を通じ理美容師への技術指導にあたりながら、知花敏彦氏・上江洲義秀氏から宇宙法則を学ぶ。

2008年、娘が１歳の時「この子が大人になったときに住みやすい地球にしたい」と、八ヶ岳にビーワンの美容室を開業。地球再生型美容として、マザーアースと一つになる安全安心な施術の提供、家庭からの排水浄化を促すライフスタイルを提案している。

一生使えるヘアケア技術・経験ゼロからでもできる高次元へシフトアップする美容を得意とする。

小川みどりライン公式アカウント
つや髪＆高次元美容情報更新中♪ ➡

佐藤日出夫　さとうひでお

株式会社ビーワン 代表取締役。

1953年福岡県うきは市生まれ。美容師としての経験を積む一方で、薬剤が人と自然に及ぼす影響を危惧し水ベースの施術研究に着手、1997年に「美と健康と環境浄化」をテーマに株式会社ビーワンを設立。ビーワンシリーズをはじめとする、健康リスク、環境負荷軽減を実現するためのツールを開発する傍ら、自然の法則と心の在り方を基に指導を行っている。

西銘正彦　にしめまさひこ

株式会社環境保全研究所 代表取締役社長。

1963年沖縄県生まれ。1989年山梨県清里高原に移住。知花敏彦氏の真理普及のための活動拠点となる「ペンションやすらぎの郷」を11年間主宰しながら真理を学ぶ。2003年ビーワン全国販社として活動開始。2009年環境保全研究所常務取締役就任。後継者育成セミナーにて８年間学び、2017年代表取締役社長に就任。2018年株式会社ビーワン取締役就任。2019年６月全国 BSC 理美容協同組合監査役就任。

マザーアースと一つになる　水美容ピュアメソッド

第一刷　2024年5月31日

著者　小川みどり
推薦　佐藤日出夫
推薦　西銘正彦

発行人　石井健資
発行所　株式会社ヒカルランド
〒162-0821 東京都新宿区津久戸町3-11 TH1ビル6F
電話 03-6265-0852　ファックス 03-6265-0853
http://www.hikaruland.co.jp　info@hikaruland.co.jp
振替　00180-8-496587

本文・カバー・製本　中央精版印刷株式会社
DTP　株式会社キャップス
編集担当　溝口立太

ISBN978-4-86742-374-5

今回の特別講座では、本書で紹介された内容を全三回のステップアップ方式でわかりやすく解説していきながら、さらにスムーズに実践できるように、実際に道具や商品を使って、その扱い方もじかに学べるようになっています。

講師が長年培ってきた美の技術や実践方法を惜しみなく伝授。ご参加頂いた方には、講師みずから頭皮洗浄の施術も行うスペシャル特典付きです。

お肌・髪・心身の不調にお悩みの方、自分本来の美の確立にご興味のある方などご参加をお待ちしております。（＊単発参加も可能）

午前と午後の大きな流れ

［午前］① 座学 ② 自分にやる ③ 二人一組でやる、を毎回のカリキュラムに入れて、レベルアップの実感を持てる形に。ホームケアのスペシャリストになれる構成です。

［午後］明想や自分を知るワークを取り入れて内観の時間を取ります。

問い合わせ＆お申込み：ヒカルランドパーク

申込み HP サイト ➡

美ら女髪シャンプー

天然由来成分 95%以上でできた、髪と素肌のためのシャンプー&ボディーソープ
トリニティー Z 配合・ラベンダー精油のほのかな香り
【ノンシリコン】
3 種類の潤い保湿成分、沖縄産の植物エキスを配合
髪と地肌と素肌をすこやかに保つ、6 種類の美髪・美肌成分を配合

定価 600ml　¥4,400（税込）

ビーワングレース

ビーワンバランスとサポートの特長を備えた髪と頭皮の保水ケアに最適な頭髪用化粧水。
サロンでのストレートやカラー施術のアフターケアとしても使用するほか、ご家庭での寝ぐせ直しやドライヤーの熱による乾燥ダメージ等、髪と地肌の健康を守るためのコンディショニング・ウォーターとして人気の高い商品です。

頭髪用化粧水　定価 200ml ¥3,300（税込）
400ml ¥6,160（税込）
1000ml ¥11,000（税込）

トリニティセラミック浄水器「水清水」

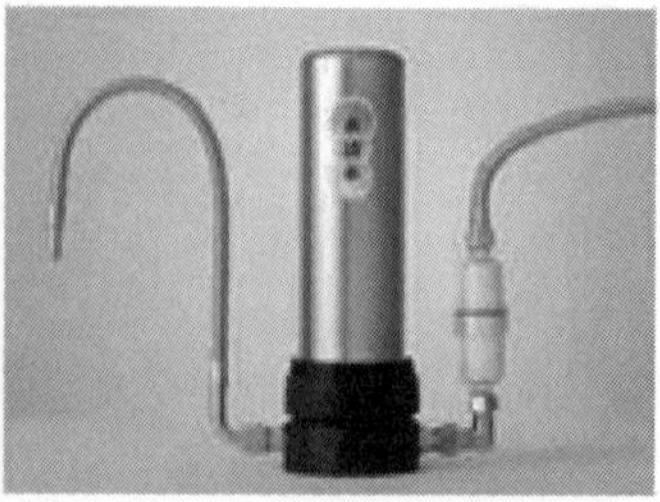

トリニティーセラミック浄水器 水清水（みずきよめ）はミニフィルターと成型活性炭で、水道水に含まれる赤サビや砂などの不純物、残留塩素を取り除いて、トリニティーセラミック® を通して水にエネルギーを付加する浄水器です。

定価 ¥275,000（税込）

ヒカルランド　好評既刊！

地上の星☆ヒカルランド　銀河より届く愛と叡智の宅配便

自律神経もカラダもまるっと整う
ピタッとシール鍼セラピー
著者：古庄光祐
A5ソフト　本体1,800円+税

生理・子宮・卵巣・骨盤を
自分で良くする
『女子の神５』メソッド
著者：三雅
四六ソフト　本体1,500円+税

現世最強
《チーム自分》のつくりかた
著者：縁ちえ
推薦：CHIE
四六ソフト　本体1,800円+税

【新装完全版】
宇宙にたった一つの
いのちの仕組み
微生物はすべてを蘇生する！
著者：河合 勝
四六ソフト　本体1,815円+税

[新装改訂版] 野草を宝物に
著者：小釣はるよ
四六ソフト　本体2,000円+税

発酵生活で
新しい私に生まれ変わる
著者：栗生隆子
序文：奥平亜美衣
四六ソフト　本体1,750円+税

Peu importe ce qu'il arrivera
何があってもだいじょうぶ！
乗り切る力
Pouvoir de survivre
SOSの自分を救い出す
セルフケア8ステップ
藤沢あゆみ
ヒカルランド